AF619834

ESSAI
SUR
LA PRESTATION DES FAUTES,

OU L'ON EXAMINE COMBIEN LES LOIS ROMAINES EN DISTINGUENT D'ESPÈCES;

Par LE BRUN, avocat au Parlement de Paris,

AVEC

Une Dissertation du célèbre POTHIER sur cet Essai,

ET

Des notes indicatives des lois nouvelles concernant les Fautes.

A PARIS,
Chez ANTOINE BAVOUX, Libraire, rue de l'Hirondelle, n°. 18.

1813.

H. PERRONNEAU, Imprimeur-Libraire,
quai des Augustins, n°. 39.

AVIS ESSENTIEL.

L'ESSAI *sur la Prestation des Fautes* est un petit ouvrage que les Jurisconsultes connaissent à peine, mais qui est cependant digne de leur estime. C'est une *dissertation* approfondie sur une matière difficile et qui, par cette raison, donne lieu à beaucoup de procès.

M. Le Brun (1) a examiné avec la plus scrupuleuse attention les lois romaines qui traitent *des fautes*, et a démontré assez victorieusement que tous les interprètes se sont mépris, en enseignant que le droit romain reconnaissait trois espèces de fautes: la faute *grave*, la faute *moins grave* et la faute *légère*. L'auteur prouve, au contraire, d'après le texte des lois les plus précises, que les Romains ne reconnaissaient que deux espèces de fautes dans tout contrat ou quasi-contrat, et qu'aujourd'hui l'opinion commune est erronée.

Quoiqu'il en soit, M. Pothier examina

(1) On présume que c'est un travail que fit dans sa jeunesse le savant auteur du *Traité des Successions*.

dans le tems l'*Essai* de Le Brun, et voici l'opinion qu'il en conçut.

« Je dois cette justice à cette dissertation « qu'elle est très-ingénieuse et très-savante, « et qu'elle mérite d'être lue par tous ceux « qui ont quelque goût pour la jurisprudence (1). »

C'est l'opinion de cet auteur célèbre qui a déterminé M. Loiseau, docteur en droit, à rechercher l'*Essai sur les Fautes* de M. Lebrun, et à le faire connaitre du public.

L'ouvrage lui a paru nécessaire pour bien saisir le sens de la dissertation de M. Pothier *sur les fautes*, dissertation qui est imprimée sous le titre d'Observation Générale, à la suite de son *Traité des Obligations*, *page* 455 *de l'édition in-4°*.

Il y a ajouté quelques notes pour indiquer les articles du Code Napoléon qu'il faut consulter en lisant l'ouvrage.

---

(1) Voy. page 139 ci-après.

ESSAI
SUR
LA PRESTATION
DES FAUTES.

§ Ier.

Définition de la Faute. — Ses différentes espèces.

Tout homme qui a des choses qui appartiennent à un autre, ou qu'il lui doit, ou qui gère ses affaires, est obligé d'en avoir plus ou moins de soin, selon la différence des cas. Ce soin s'appelle en droit *Diligence*, et l'omission de ce soin *Dol* ou *Faute*, selon qu'elle est accompagnée ou non du dessein de nuire. C'est une fameuse question de savoir combien les lois romaines distinguent d'espèces, ou plutôt de degrés de faute. Barthole, et après lui une foule d'anciens interprètes, en ont compté cinq : les interprètes modernes en reconnaissent trois. J'entreprends de prouver qu'il n'y en a que deux.

En examinant les lois, j'observe d'abord qu'elles distinguent deux espèces de diligence : la diligence d'un bon père de famille, et celle dont on a coutume d'user dans la conduite de ses propres affaires. Commençons par expliquer ce que c'est que la diligence d'un bon père de famille ; car tous les interprètes semblent l'avoir ignoré.

Par l'ancien droit, tout citoyen qui n'était pas soumis à la puissance paternelle, s'appelait *paterfamilias*, soit qu'il eût famille ou non. Les fils de famille ne pouvaient rien acquérir pour eux-mêmes ; ils acquéraient tout à ceux sous la puissance desquels ils étaient. Quand on leur eut accordé la propriété et la libre jouissance des pécules castrenses et quasi-castrenses, ils furent à cet égard considérés *vice patrumfamiliarum*. L. 2. D. de Senat. Maced. *Diligens paterfamilias* signifie donc un homme qui a un grand soin de ses affaires. Cela est si vrai, qu'au lieu de cette expression, on trouve quelquefois celles-ci : *vir diligens*, *homo frugi*, et autres semblables, et que les Grecs se servent indifféremment des mots ἐπιμελὴς ἀνὴρ, ανθρώπος, pour rendre toutes ces expressions. En effet, la conduite d'un homme qui veille à ses intérêts avec une exactitude entière, était un bon modèle à proposer à ceux qui sont chargés des intérêts d'autrui. J'ai cru néanmoins pouvoir traduire *diligens paterfamillas*, par *diligent père de famille*. Car quoique l'expression française ne rende point le sens de l'expression latine, nos lois et nos jurisconsultes l'ont employée dans ce sens-là.

Qu'est-ce donc que la diligence d'un bon père de famille, et quand est-on réputé avoir obéi à la règle qui la prescrit?

Si c'était par la nature des moyens qu'on prend pour écarter les dommages, qu'on distinguât cette diligence, il serait impossible que la règle fût juste en aucun cas; car si les lois donnaient pour exemples à imiter les précautions qu'emploie un homme industrieux et expérimenté, tous ceux qui n'auraient point autant de sagacité et d'expérience seraient incapables d'observer la règle; et si c'étaient les précautions que prend un homme d'une capacité commune, qui fussent les modèles qu'ont dût suivre, il y aurait encore plusieurs personnes qui ne pourraient accomplir la règle, et il y en aurait beaucoup d'autres dont la négligence demeurerait impunie.

Pour que la règle soit à la portée de tout le monde, et qu'elle exige de chacun autant qu'elle en doit exiger, il faut que ce soit l'usage que chacun fait de sa capacité, qui établisse la diligence ou la négligence. Dans cette hypothèse, un homme est diligent, lorsqu'il fait usage de toute sa prudence, de toute son industrie, de toutes ses lumières. Ainsi un homme d'esprit peut être moins diligent qu'un homme stupide, même en se servant de meilleurs expédiens pour réussir.

Ce n'est pourtant pas toujours sur la véritable capacité des personnes qu'on règle leurs devoirs. Par exemple, si quelqu'un fait profession publique d'un Art ou d'un Métier, il est censé avoir la capacité nécessaire pour l'exercer. Cette présomption étant fondée sur son fait, il est juste qu'il réponde de son incapacité. L'utilité publique fait souvent aussi présumer une certaine capacité, contre laquelle on n'admet point de preuves. Enfin il arrive rarement dans la pratique, que le juge puisse connaître parfaitement la capacité des parties ; il faut donc qu'il saisisse les plus fortes présomptions que lui présentent les circonstances.

Voyons maintenant pourquoi les lois romaines distinguent deux espèces de diligence. Cette distinction est fondée sur ce qu'il y a des choses dont la propriété nous est commune avec d'autres personnes, et d'autres dont nous ne sommes que simples détenteurs, ou dont nous nous sommes engagés à faire la tradition, et qui par cette obligation peuvent être considérées comme ne nous appartenant plus.

Dans les premières, il faut, autant qu'il est possible, concilier nos droits avec ceux d'autrui. La meilleure manière de les concilier, est de soigner les choses communes comme les nôtres. Si nous nous permettions des négligences, nous blesserions les droits d'autrui; si nous ne pouvions traiter les choses communes comme étant à nous, nous perdrions l'exercice de notre droit de propriété. La règle qui prescrit la diligence d'un bon père de famille, ne concernant que les choses qui appartiennent en totalité à autrui, ne reçoit point ici d'application.

Dans les choses dont nous sommes simples détenteurs, ou dont nous devons faire la tradition, notre capacité réelle ou présumée est notre boussole. La manière dont nous administrons nos biens n'a point de rapport avec la manière dont nous devons administrer ceux des autres.

La capacité que la loi considère, n'est point celle qui naît d'une contention d'esprit, d'une application fatigante, qui met l'homme dans un état forcé : c'est celle dont il fait preuve habituellement dans la conduite de ses affaires, lorsqu'il ne se permet point de négligence. On voit par-là que la diligence ne peut être circonscrite dans des limites étroites. Certains degrés plus ou moins grands de vigilance et d'industrie la composent. C'est à l'équité et à la prudence, guidées par la connaissance des hommes, à lui fixer des bornes. Il en est de même de la diligence ordinaire *in suis rebus*, qui est donnée pour modèle aux associés et aux co-propriétaires. Le juge à qui il appartient de créer la règle dans chaque cas particulier, la compose de certains degrés d'application et d'industrie, dont la partie a fait preuve (1) dans un grand nombre d'occasions.

On ne peut distinguer diverses capacités d'un homme ; mais on peut distinguer divers degrés dans l'usage qu'il fait de sa capacité. Lorsqu'il en fait peu d'usage sans malice formelle, il commet une faute grossière ; lorsque la faute n'est pas si considérable, c'est une faute légère. J'en dis autant de la diligence *in suis rebus*. Cette diligence une fois déterminée, tous actes d'une moindre diligence sont des fautes grossières ou légères, selon qu'ils s'éloignent plus ou moins de leur modèle. Le juge estime, selon les personnes et les cas, si la faute est grossière ou légère : il doit user

(1) A défaut de preuves, il a recours aux présomptions. *Voy*. ci-après l'article de la Société.

quelquefois d'indulgence, et quelquefois de sévérité. *L.* 54. § 2. *D. de acquir. rer. dom.*; *et arg. L.* 61. § 6. *D. de furtis.* On pourrait distinguer un plus grand nombre de degrés dans la négligence; mais il serait difficile de les bien discerner, et dangereux de les confondre.

On est toujours responsable des fautes grossières; mais on ne l'est pas toujours des fautes légères. Voici la règle générale: *Si in re negotiove nulla ejus, de quo quæritur quid præstet, versatur utilitas, præstat latam tantùm culpam. Si verò ejus utilitas vertitur, præstat et levem culpam.* Cette règle reçoit plusieurs exceptions, que je remarquerai à mesure que l'occasion s'en présentera. Ces principes que la raison et l'équité nous enseignent, sont ceux des jurisconsultes romains.

§ II.

Opinion des Interprètes.

Les interprètes, en croyant suivre ces jurisconsultes, ont pris une route bien différente. Le goût pour les subtilités qu'ils ont puisé dans la philosophie de l'école, a beaucoup contribué à les égarer. Comme il serait trop long et fort inutile de réfuter les raisonnemens de chacun d'eux, je choisis un des plus accrédités sur la matière qui fait le sujet de cette dissertation. En découvrant ses erreurs, je dévoilerai celle des autres, puisqu'ils s'accordent dans les points fondamentaux.

LATAM CULPAM, dit Vinnius (1), *è regione opponimus infimo gradui*

(1) *Vid.* § 2. *Instit. quib. mod. re contr. oblig.*

diligentiæ, ut sit omissio ejus diligentiæ quam omnes homines suis rebus adhibere solent; aut id factum in re alienâ, quod nemo admitteret in re propriâ. Itaque in latâ culpâ est qui non prospicit, curat, cavet, quod omnes, qui modo sensu communi prædititi sunt, provident et intelligunt se cavere aut curare debere; veluti si quis noctu ædium ostia aut fenestras, per quas de plano intrari potest, apertas reliquerit; aut si quis rem fidei suæ commissam in loco publico, aut eo quo quivis accedere potest, incustoditam jacere patiatur, credens neminem venturum qui auferat.....

LEVEM CULPAM *opponimus diligentiæ mediæ, ut intelligatur esse omissio ejus diligentiæ quam hominum natura desiderat, id est, mediocris, et quam vulgò homines frugi suis rebus adhibere soliti sunt;*

aut id admissum in re alienâ, quod diligens paterfamilias non committeret in re suâ. Et ideo in jure nostro non exigitur ad consuetudinem hominis diligentissimi, sed ad eum modum quo quis curat res proprias, modò ne nimium negligenter in suis quoque rebus versetur. Nam in abstracto hoc magis consideratur quàm in concreto, relatione habitâ ad diligentiam talem qualem communiter bonus et diligens paterfamilias suis rebus præstare consuevit, non qualem unus è multis, sed qualem magna pars patrumfamiliarum. Itaque levi culpâ peccat, si quis, verbi gratiâ, non clauserit fenestras altiores quam ut de plano intrari possint, et fures, admotis scalis, ingressi fuerint....

Levissimam culpam *opponimus diligentiæ summæ, ut sit omissio ejus diligentiæ quam vigilantissimus quisque atque attentissimus paterfami-*

lias suis rebus adhibet; aut id commissum in re alienâ quod diligentissimus paterfamilias omitteret..... Exempli gratiâ, non carebit culpâ levissimâ, si quis fenestras versùs publicum remotiores à locis in quibus dormit familia, non muniverit clathris aut ferreis perticis.

Après ces distinctions et ces définitions, il donne des règles pour discerner quelles prestations sont dues dans les cas particuliers. *Si quidem tale sit negotium in quo ejus qui quid suscepit nulla versetur utilitas,.... tum dolus solus præstatur. Ubi verò utriusque contrahentium utilitas vertitur,... ibi præter dolum præstatur et culpa. Quod verò utilitatem ejus duntaxat qui accipit, non etiam ejus qui dedit, continet,.. in eo et culpa præstatur et diligentia;* c'est-à-dire qu'on y est, selon lui, responsable de la faute très-légère.

Quoique Vinnius ait cru avoir épuisé la matière de la réparation des dommages, on voit qu'il n'a fait que l'effleurer. Les autres interprètes que j'ai lus, ne l'ont pas approfondie d'avantage; il ont tous beaucoup raisonné sur les expressions des lois et peu sur les motifs de leurs décisions.

Je ne sais si on peut affirmer absolument qu'ils aient fait consister leurs diverses espèces de *diligence* dans les moyens mêmes d'empêcher qu'il n'arrive de dommage; mais leurs expressions invitent à leur attribuer cette erreur, qui est capitale, comme nous l'avons vu plus haut.

Une autre erreur dans laquelle ils sont certainement tombés, c'est d'avoir étendu à tous les contrats qui concernent l'utilité des deux parties, la règle particulière à la société et à la communauté. *Non exigitur* (*diligentia media*) *ad consuetudinem hominis diligentissimi, sed ad eum modum quo quis curat res proprias, modò ne nimium negligenter in suis quoque rebus versetur. Nam in abstracto hoc magis consideratur quàm in concreto*, etc. Belle interprétation! quand la loi dit : *sufficit talem diligentiam communibus rebus adhibere socium, qualem suis rebus adhibere solet;* cela doit donc s'entendre *in abstracto*. Quel bonheur qu'il y ait eu des génies substils pour nous découvrir des vérités si cachées!

Qu'il nous soit cependant permis de faire une découverte non moins merveilleuse: c'est que tout cela n'est qu'un palliatif imaginé pour cacher un défaut de leur systême. Les lois distinguent la société et la communauté de tous les autres contrats, en réglant dans ceux-ci les devoirs sur la diligence d'un bon père de famille, et en disant pour ceux-là qu'il suffit d'être diligent dans les affaires communes comme dans les siennes propres. Les interprètes voulant réunir ce que les lois avaient divisé, ont confondu les deux règles, et n'en ont fait qu'une. La seconde était informe dans les lois. Nos docteurs, plus sages que nos jurisconsultes, l'ont réduite à sa juste valeur, en la joignant à la première, en lui donnant une modification qui la resserre dans des bornes étroites. Il y a beaucoup d'apparence qu'ils ont cru que les lois, en donnant pour règle à l'associé ou au co-propriétaire sa diligence ordinaire *in suis rebus*, ont eu égard à sa conduite personnelle dans ses propres affaires, à ses soins et à ses négligences, à son activité et à sa paresse, et en conséquence ils ont dû restreindre leur disposition, en disant : *Modò ne nimium negligenter in suis quoque rebus versetur.* Mais c'est là une erreur formelle, comme je le prouverai tout à l'heure.

Leur principe fondamental, qui consiste dans la division de la diligence et de la faute en trois espèces, pèche contre les vrais principes en plusieurs manières. 1°. Dans une matière si délicate, et qui influe si directement et si puissamment sur la sûreté du commerce et le bonheur des hommes, il n'est pas prudent de faire des distinctions subtiles qu'on ne peut suivre aisément dans la pratique.

2°. Les interprètes ont été contraints d'enseigner plusieurs absurdités pour accorder les lois avec leur systême. N'est-il pas absurde en effet d'exiger plus de celui qui fait gratuitement les affaires d'autrui, que de celui qui prend un salaire (1); d'être plus rigoureux envers le mandataire qu'envers le vendeur; de diminuer les devoirs d'un associé intelligent et actif dans ses propres affaires, au préjudice des espérances que ses co-associés ont fondées sur ses talens et ses lumières; d'augmenter, contre la bonne foi (2) qui est la base de la société, les devoirs d'un autre, incapable peut-être d'imiter leur diligence moyenne, etc. etc. ?

3°. De leur division de la diligence en trois espèces, et de leurs règles pour discerner les cas où chaque

---

(1) *Merces*; car *salarium* signifie un honoraire qui ne donne point atteinte au mandat, *L.* 6. *pr. D. Mand.*; au lieu que *mercede constitutâ*, *incipit locatio et conductio esse.* § *ult. Instit. de mandato.*

(2) *Cùm in Societatis contractibus fides exuberet. L.* 3. *C. pro Soc.*

espèce de diligence est ordonnée, il s'ensuit nécessairement qu'ils permettent des négligences dans le plus grand nombre des contrats.

Il est évident que leur moyenné diligence qu'ils prescrivent dans tous les contrats *in quibus utriusque utilitas vertitur*, renferme un mélange de négligence : car on ne peut commettre de faute très-légère sans être dans les bornes de cette diligence, puisque si on n'y était pas, la faute serait légère ou grossière. Or la faute très-légère est une négligence, puisque toute omission de soins et de précautions dont on est capable, est une négligence. Les lois permettent-elles de légères négligences, lorsqu'elles ordonnent de prendre soin des intérêts d'autrui? Non. Nous verrons dans la suite avec quelle énergie et quelle sévérité elles proscrivent toute espèce de négligence.

Pour n'en citer ici qu'une, la loi 21. *C. Mand.* dit : *Aliena negotia exacto officio geruntur : nec quicquam in eorum administratione neglectum ac declinatum culpâ vacuum est.*

Quant aux affaires communes, les lois, en ordonnant aux associés et aux co-propriétaires de les soigner avec autant de diligence qu'ils en ont ordinairement pour leurs affaires particulières, défendent par cette disposition de les négliger comme ils négligent les leurs ; car la négligence est incompatible avec la diligence.

Nous avons une loi qui dissipe tous les doutes qu'on pourrait former sur cela. C'est la loi 22. § 3. *D. ad. Sen. Trebell.* qui, décidant que l'héritier fiduciaire est responsable de la faute grossière, et non de la faute légère, appelle celle-ci par circonlocution, *levis et rebus suis consueta negligentia.* Remarquez que si on l'avait rendu responsable de la faute légère, c'aurait été à cause de la *quarte trébellianique* : on l'aurait considéré comme co-héritier avec celui qui est appelé au fidéicommis, ou du moins comme co-propriétaire. Or, en l'une et l'autre de ces qualités, il n'aurait été obligé qu'à la diligence *quam suis rebus adhibere solet.*

On prétendra peut-être me prouver que la faute très-légère n'est point une véritable négligence, par le raisonnement suivant :

Pour établir quelle est la capacité d'un homme, il faut rassembler une multitude d'actes de diligence. Or dans ce grand nombre d'actes, il y a nécessairement une grande variété : ils ne peuvent être tous au même degré de diligence. Bien loin de là, s'il était possible de discerner les fines nuances qui les séparent, on n'en trouverait peut être pas deux parfaitement semblables. La diligence qui indique la capacité d'un homme est donc composée de divers degrés de diligence. Prenez les deux extrêmes et vous aurez la moyenne et la plus grande diligence.

Je réponds qu'il n'en est point des êtres moraux comme des êtres physiques. Ceux-ci ont des bornes faciles à apercevoir ; mais nous ne sommes capables que d'entrevoir obscurément les limites de ceux-là. Les vertus et les vices se touchent de près, et il s'en fait des mélanges que nous ne pouvons bien discerner même dans notre propre cœur. Les qualités de l'esprit ne sont pas moins difficiles à distinguer. Des *à-peu-près* sont tout ce que nous pouvons espérer d'en connaître, et ces *à-peu-près* mêmes on ne les trouve qu'en combinant un grand nombre d'actions de celui dont on veut porter un jugement. Si, pour déterminer la capacité d'un homme, il faut rassembler divers degrés de diligence, et en composer une certaine diligence qui soit la marque de cette capacité, comment pourra-t-on séparer ces degrés, sans nous replonger dans l'ignorance?

Je sens fort bien qu'il est aisé de diviser *in abstracto* tous ces degrés; mais comment pourra-t-on les diviser dans le fait, sans nous rejeter dans l'incertitude d'où nous voulions nous tirer? Le juge pourra-t-il se régler sur une analyse subtile de ces divers degrés de diligence, sans s'exposer à commettre de grandes injustices?

Cette difficulté paraîtra plus sensiblement, si on considère que le juge ne peut, dans la pratique, faire une application rigoureuse des principes. La véritable capacité des personnes est difficile à connaître ; et d'un autre côté, le cours de la justice ne peut être retardé par de longues informations. Dailleurs la voie des enquêtes serait sujette à mille incertitudes. Le juge doit donc se déterminer par les présomptions qui résultent des faits convenus entre les parties, ou prouvés par les actes, ou munis de vraisemblance. Il est même souvent réduit à se contenter de celles qui naissent de la qualité, de l'âge et du sexe de ceux dont il examine la conduite.

On m'objectera peut-être encore qu'on remarque dans les hommes deux sortes de capacité : une capacité ordinaire dont ils font preuve habituellement dans la conduite de leurs affaires, et une capacité extraordinaire que produisent de grands intérêts, en les rendant plus vigilans, plus actifs, plus ingénieux à trouver des expédiens pour réussir dans leurs desseins. C'est la diligence qu'ils montrent alors, ajoutera-t-on, qui est l'extrême diligence que la loi exige en certain cas.

Pour ne pas prendre ici le change, et pour se former une idée nette de ces deux espèces de capacité qui empêche de les confondre, il y a un caractère propre de la capacité extraordinaire qu'il ne faut pas perdre de vue; c'est qu'on ne l'a point à son gré et en tout tems. D'heureuses idées se présentent à notre esprit; nous les saisissons avec vivacité; une activité inconnue s'empare de notre ame; notre imagination s'échauffe, étend ces premières idées, et nous fait apercevoir mille ressources nouvelles; nous faisons alors des prodiges qui nous étonnent nous-mêmes. Voilà cette rare diligence qui est la marque de la capacité extraordinaire. Mais toute diligence dont on est capable quand on veut, n'indique que la capacité ordinaire.

Cela posé, je soutiens que notre capacité extraordinaire ne peut être considérée en aucun cas pour nous rendre responsables des dommages que nous n'avons point empêchés. Car on doit pouvoir obéir aux lois dans tous les tems. D'ailleurs rien n'est plus trompeur que ces actions rares. Ce qu'on prend pour un effet de la capacité, est souvent l'effet des circonstances et du hasard. Les hommes admirent souvent des actions qui ne les étonneraient plus s'ils voyaient les secrets ressorts qui les ont produites.

Si la loi voulait que le juge s'arrêtât à ces efforts passagers d'industrie ou de courage, elle l'exposerait donc à être souvent trompé. Mais elle a fait tout le contraire. La règle générale est d'imiter la diligence ordinaire d'un bon père de famille. *Ea quæ diligens paterfamilias in suis rebus præstare solet à creditore exiguntur,* dit la loi 14. *D. de pignor. act.* Le mot *adhibet* ou *præstat*, dans une infinité d'autres, signifie la même chose que *adhibere* ou *præstare solet*. La règle de la société et de la communauté est d'imiter sa diligence ordinaire *in suis rebus*. *Sufficit talem diligentiam communibus rebus adhibere socium* (1).

Il est donc certain que les interprètes admettent un mélange de négligence dans leur diligence moyenne. J'ajoute que cette négligence est assez marquée pour rendre leurs maximes

---

(1) *Vid.* § *ult. Inst. L.* 72. *D. Pro. Soc. add. L.* 25. § 16. *D. fam. ercisc.*

contraires à l'équité et à l'intérêt public.

En effet, ou ils ont cru qu'il y a peu de distance de la faute très-légère à la faute légère, et beaucoup de la faute légère à la faute grossière : et en ce cas, ce n'était pas la peine de donner tant d'interprétations forcées aux lois, d'en renverser la lettre et l'esprit, pour élever sur leurs débris un système qui ne peut avoir que peu d'effets dans la pratique, ou qui plutôt n'en doit avoir aucun; car puisque le juge est le plus souvent forcé, comme je l'ai observé ci-dessus, de juger de la capacité des personnes sur les plus faibles présomptions, et qu'ainsi son esprit flotte ordinairement sur une mer d'incertitudes, il ne pourra distinguer dans l'application l'extrême diligence de la moyenne, si elles ne sont caractérisées dans la théorie par des différences très-sensibles.

Je soutiens même que la division de la faute *en trois espèces* est trop subtile pour pouvoir être régulièrement suivie dans la pratique. J'admettrai néanmoins le contraire pour un moment, et je supposerai que la faute légère est un terme moyen entre la faute grossière et la faute très-légère, un milieu également éloigné de ces extrêmes. En faisant cette seconde supposition, je crois entrer pleinement dans la pensée des interprètes; car toutes leurs expressions annoncent une division exactement compassée, un ouvrage symétrique dans toutes ses parties.

Cela présupposé, je dis qu'il faut nécessairement, ou qu'ils exigent trop, lorsqu'on est responsable, selon eux, de la faute très-légère, ou qu'ils exigent trop peu, lorsqu'on n'est responsable que de la faute légère.

En effet, s'ils demandent au premier cas une prudence, des vues dont la multitude n'est point capable, ils pèchent contre un des premiers principes du droit naturel, qui veut que les lois générales soient à la portée de tout le monde. S'ils supposent au contraire que la multitude est capable de ces soins actifs et de ces précautions industrieuses, dont l'omission fait la faute très-légère, ils donnent atteinte à la sûreté du commerce; ils ébranlent la confiance publique, et répandent le désordre et la mauvaise foi dans la société. Car si nous prenons le milieu entre la plus grande diligence dont le commun des hommes soit capable, et celle que les hommes les plus nonchalans et les plus stupides ont coutume d'avoir pour leurs intérêts, comme *de ne pas laisser la nuit leurs portes et leurs fenêtres du rez-de-chaussée ouvertes*, la moyenne diligence des interprètes sera bien peu exacte (1).

Mais qu'est-il besoin de douter, tandis qu'ils ont eux-mêmes pris soin de prévenir tous les doutes? On a vu l'exemple que Vinnius donne de la faute légère : « c'est de laisser « ouverte la nuit des fenêtres par « lesquelles on ne peut entrer de « plein-pied dans la maison. » Dès que les voleurs ont besoin d'échelles, la faute cesse d'être grossière.

Il faut pourtant avouer que si cette

(1) Remarquez que pour faire ce raisonnement, j'ai été obligé de me conformer un peu au langage des interprètes, qui semblent faire consister la diligence dans les moyens d'écarter le dommage.

faute n'est pas grossière (1), elle est bien près de l'être; et il est fort singulier que le seul exemple de la faute légère que ce docteur ait imaginé de sa tête, frise tellement cette espèce de faute, que ceux qui auraient des maximes moins relâchées, seraient portés à le regarder comme étant de cette espèce. Les interprètes permettent donc à leur diligent père de famille, modèle de la diligence moyenne, un certain degré de nonchalance, à-peu-près comme la plupart des hommes en ont habituellement, lorsqu'ils ne s'appliquent pas sérieusement à leurs affaires, et qu'ils ne les négligent pas non plus entièrement.

---

(1) Elle pourrait bien ne pas l'être de la part d'un homme qui serait ordinairement aussi négligent dans ses propres affaires. Voy. dans l'article de la Société l'explication de la loi *quod Nerva*, 32. *D. dépos.*

C'est assez réfuter un systême vicieux dans son principe et dans toutes ses conséquences. Ceux qui seront curieux de suivre les interprètes dans leurs moindres écarts, le pourront facilement à l'aide des vrais principes de la matière.

§ III.

Droit romain rétabli dans sa pureté.

Il ne suffit pas d'avoir prouvé que les jurisconsultes romains ont dû enseigner la doctrine que je leur attribue; il est tems de démontrer que c'est véritablement la leur.

Je commencerai par la loi 23. *D. de reg. jur.* Le titre où elle se trouve la rend plus importante, et d'un plus grand poids. Le but des compilateurs du digeste, en recueillant dans tous les écrits des jurisconsultes les maximes les plus pures, les plus générales, les plus universellement reconnues, et en les rassemblant sous un même titre, a été de guider les esprits dans l'étude des lois, et de les empêcher de s'égarer dans cette vaste et dangereuse carrière.

Cette loi est conçue en ces termes: *Contractus quidam dolum malum duntaxat recipiunt, quidam et dolum et culpam. Dolum tantum depositum et precarium: dolum et culpam mandatum, commodatum, venditum, pignori acceptum, locatum, item dotis datio, tutelæ, negotia gesta; in his quidem et diligentiam: societas et rei communio et dolum et culpam recipit. Sed hœc ità, nisi si quid nominatim* (1) *convenit*

(1) Voici la première exception à la règle générale qui détermine quelles prestations sont dûes dans les cas particuliers.

vel plus vel minus in singulis contractibus ; nam hoc servabitur quod initio convenit ; legem enim contractus dedit; excepto eo quod Celsus putat non valere si convenerit ne dolus prœstetur ; hoc enim bonæ fidei judicio contrarium est, et ità utimur. Animalium verò casus, mortes quæ sine culpâ accidunt, fugæ servorum qui custodiri non solent, rapinæ, tumultus, incendia, aquarum magnitudines, impetus prædonum à nullo præstantur.

Expliquons cette loi avec méthode. Il ne peut arriver de dommages que par trois causes : le *dol*, la *faute*, ou le *cas fortuit*. La convention est la première loi qu'il faut consulter pour savoir qui est tenu de les réparer, excepté *si convenerit ne dolus præstetur ;* car une telle convention est nulle, comme contraire à la bonne foi et aux bonnes mœurs. S'il n'y a point eu de convention sur ce sujet, le cas fortuit à *nullo præstatur.*

Quant au dol et à la faute, *contractus quidam dolum malum duntaxat recipiunt; quidam et dolum et culpam.* Ulpien, auteur de cette loi, ne distingue point deux espèces de fautes, parce qu'il comprend dans le dol la faute grossière que les lois présument être dol, et il désigne la faute légère par le seul mot de *faute.* C'est là le langage ordinaire des jurisconsultes, auquel je me conformerai désormais; et dans ce sens je dis qu'Ulpien ne reconnaît pas deux espèces de faute.

Il est vrai qu'après avoir fait une énumération de contrats, où on répond de la faute, il ajoute : *in his quidem et diligentiam.* Mais que signifient ces termes ? Suivant les interprètes, ils désignent l'extrême diligence, dans l'omission de laquelle consiste la faute très-légère.

D'ailleurs des huit contrats et quasi-contrats auxquels se rapportent ces mots *in his*, il y en a quatre dans lesquels ils soutiennent eux-mêmes qu'on n'est responsable que de la faute légère. Et quelle raison rendront-ils de la différence que le jurisconsulte met entre ces huit contrats et les deux suivans, eux qui ne trouvent nulle différence pour la prestation de la faute entre ces deux contrats et les quatre d'auparavant, *in quibus utriusque utilitas vertitur?* Auront-ils la hardiesse de prétendre que le jurisconsulte a mal arrangé sa phrase, et qu'il aurait dû mettre ces quatre contrats avec les deux derniers, ensorte que *in his* ne se rapporte qu'à *mandatum*, *commodatum*, *tutelæ*, *negotia gesta* (1)? Ou prétendront-

(1) Plusieurs interprètes n'exigent du man-

ils que ces mots ne sont point là pour établir une différence entre les deux derniers contrats et ceux qui les précèdent? Il faudrait s'aveugler pour ne pas voir une chose aussi évidente. Pour moi, d'un mot j'explique tout. Dans les huit (1) contrats, la faute se mesure sur la diligence d'un bon père de famille; c'est la diligence par excellence, l'unique diligence qui soit proposée pour modèle à ceux

---

dataire et du tuteur que la moyenne diligence, et n'obligent le *negotiorum gestor* à l'extrême diligence, que quand *alius diligentior se obtulit.* Selon eux, Ulpien aurait donc dû dire: *in hoc et diligentiam.* Cujas, le Conte et plusieurs autres lisent : *in his quidam et diligentiam.* Cela est vraiment commode; mais par malheur pour eux, les Grecs ont traduit ces mots ainsi: ἐν τούτοις δὲ καὶ ἐπιμέλειαν. Voyez les basiliques, l. 2. tit. 3. et cette Scholie sur Harmenopule, qu'ils ont tant citée, parce qu'elle établit leur système.

(1) Voyez cependant l'article de la Dot.

qui sont chargés des intérêts purement d'autrui.

Dans les deux suivans la faute ne se mesure point ainsi; elle se règle sur le soin qu'on a de ses propres biens. C'est ce que Gaius enseigne disertement dans la loi 72. *D. pro Soc.* en ces termes : *Socius socio etiam culpæ nomine tenetur, id est, desidiæ atque negligentiæ. Culpa autem non ad exactissimam diligentiam dirigenda est : sufficit etenim talem diligentiam communibus rebus adhibere, qualem suis rebus adhibere solet, quia qui parùm diligentem sibi socium adquirit, de se queri debet. Jung. § ult. Inst. de soc.*

Nous avons une décision aussi formelle pour la communauté : c'est la loi 25. § 16. *D. fam. ercisc. Non tantum dolum*, dit Paul qui en est l'auteur, *sed et culpam in re hæreditariâ præstare debet coheres, quoniam cum coherede non contrahimus, sed incidimus in eum. Non tamen diligentiam præstare debet qualem diligens paterfamilias, quoniam hic propter suam partem causam habuit gerendi, et ideò negotiorum gestorum ei actio non competit. Talem igitur diligentiam præstare debet qualem in suis rebus.* Remarquez ce raisonnement du jurisconsulte. « Le cohéritier, dit-il, « n'est pas seulement responsable « du dol; il l'est encore de la faute. » Il n'est pourtant pas obligé d'être aussi diligent qu'un bon père de famille, *donc* il est obligé de l'être autant qu'il l'est *in suis rebus*. Il n'y a donc que deux règles pour mesurer la faute : la diligence d'un bon père de famille, et la diligence de chacun dans ses propres affaires.

On voit par la loi que j'explique,

et par celles qui traitent en particulier de chacun des dix contrats dont Ulpien y fait mention, que ce n'est point la prestation de la faute qui distingue les huit premiers des deux derniers, puisqu'elles disent pour ceux-ci comme pour ceux-là, qu'on y répond de la faute; c'est la règle sur laquelle se mesure la faute qui les différencie. Les lois où il s'agit de ceux-là, rappellent sans cesse l'obligation d'imiter la diligence d'un bon père de famille : celles où il est question de ceux-ci, n'en disent pas le mot; elles ne parlent jamais que de la diligence *in suis rebus* : voilà l'unique différence qu'il y ait entre ces contrats.

Peut-on douter, après cela, que le jurisconsulte, en disant : *in his quidem diligentiam*, n'ait eu en vue la diligence d'un bon père de famille, puisqu'il voulait marquer en quoi les huit premiers contrats diffèrent des deux derniers? Il est donc évident que cette singulière expression : *præstare culpam et diligentiam*, qui n'a guère été employée que par Ulpien, signifie être non-seulement responsable de la faute, mais l'être de cette espèce de faute qui se mesure sur la diligence d'un bon père de famille.

Quoique la matière de la réparation des dommages s'étende à presque toutes les parties du droit, je me renfermerai dans les bornes de la loi *Contractus*, parce que tous les textes obscurs qui ont égaré les interprètes, concernent quelqu'un des contrats dont elle parle.

§ IV.

Du dépôt.

* *Du titre précaire.*

Il serait superflu de citer des lois pour prouver que, dans ces deux contrats, on n'est régulièrement responsable que du dol : ici les interprètes et moi sommes d'accord, mais nous ne le serons pas longtems.

La loi 1. § *D. Depos.* contient une exception à la règle générale, que voici : *Si se quis deposito obtulit, idem Julianus scribit periculo se depositi illigasse,ità ut non solùm dolum, sed etiam culpam et custodiam prœstet* (1) *non tamen casus fortuitos* (2). *Custodia et diligentia*

(1) *Voy.* aujourd'hui l'art. 1927 du Code Napoléon.

(2) *Ibid.* art. 1929.

sont synonymes : nous en verrons dans la suite des preuves multipliées. A cette expression *præstare culpam et custodiam*, on reconnaît Ulpien, qui est effectivement l'auteur de cette loi. On trouvera cette même expression dans la loi 5. *D. commod.* qui est encore d'Ulpien, et qui nous fournira matière à de plus amples réflexions.

Je me contenterai de remarquer ici un inconvénient dans le systême des interprètes. La plupart d'entre eux condamnent à l'extrême diligence celui qui a offert de se charger du dépôt, et ils ont raison, si *præstare culpam et diligentiam* signifie répondre de l'extrême diligence. Mais s'il y avait une diligence moyenne, pourquoi la loi ne s'en contenterait-elle pas? Une simple offre changerait-elle tellement à ses yeux la nature du dépôt, qu'elle voulût passer tout d'un coup de l'extrême indulgence à l'extrême sévérité?

Lorsque le dépôt est *nécessaire* (1), le dépositaire doit aussi répondre de la faute; car les lois disent que le dépositaire ne répond pas de la faute, parce que celui qui a choisi un ami peu diligent pour lui confier un dépôt, doit se l'imputer. Cette raison cesse d'avoir lieu dans le cas proposé. J'ajoute que le dépôt fait *in navi, cauponâ, vel stabulo* (2), qui est une espèce de dépôt nécessaire, oblige le dépositaire à la prestation de la faute : sur quoi voyez l'article *du Louage*.

Il y a sous le titre du dépôt, au digeste, une loi très-difficile qui a beaucoup excercé la patience des

---

(1) Art. 1951 du Code Napoléon.

(2) *Ibid.* 1952.

docteurs : c'est la loi *Quod Nerva*, dont je renvoie l'interprétation à l'article de la Société.

Il paraît étonnant que celui qui a reçu une chose à titre de *précaire*, ne soit responsable que du dol, quoique le précaire ne soit utile qu'à lui seul ; tandis que celui qui a reçu une chose à titre de prêt à usage, est responsable de la faute, et même, selon les docteurs, de la faute très-légère. La plupart d'entre eux on dit que les raisons de différence sont : 1°. que le précaire peut être révoqué en tout tems, quoiqu'il ait été concédé pour un tems limité ; au lieu que le prêt ne peut être révoqué à la seule volonté du prêteur, lorsqu'on est convenu d'un terme, ou que l'usage pour lequel le prêt a été fait, emporte nécessairement un consentement tacite du prêteur à laisser l'emprunteur jouir du prêt pendant un certain tems ; 2°. que le précaire étant le pur effet de la bienveillance et de la libéralité, il est contraire à sa nature de porter la rigueur jusqu'à tenir compte de simples négligences.

Ces raisons me paraissent frivoles; voici celle que je crois être la véritable. Il y a une grande différence entre le prêt et le précaire. Le prêteur n'accorde jamais que l'usage de la chose prêtée, et l'emprunteur est toujours un simple détenteur. Au contraire on peut concéder à titre de précaire la possession civile, *L.* 4. § 1. *L.* 15. § 4. *L.* 17. *D. eod. tit.*

C'est pourquoi Ulpien dit dans la loi 14. § 11. *D. de furt.* que le précaire est semblable à la donation ; que dans la *L.* 1. § 2. *D. h.*, il dit que le précaire diffère de la donation *eo quod qui donat, sic dat quasi tunc recepturus, cùm sibi libuerit precarium solvere;* qu'enfin dans la loi 8. § 3. *eod.* il donne cette raison de la différence des prestations dans le prêt et dans le précaire, *cùm totum hoc ex liberalitate descendat ejus qui precario concessit :* d'où il s'ensuit que celui qui tient une chose à titre de précaire peut être en quelque façon considéré comme un donataire, et jouit de cette chose comme si elle lui appartenait véritablement.

Le Conte et J. Godefroi sont de cet avis.

§ V.

Du Mandat.

Quelle est la nature du mandat.

Mandatum contrahitur quinque modis : sive suâ tantum gratiâ aliquis tibi mandet, sive suâ et tuâ, sive alienâ tantum, sive suâ et alienâ, sive tuâ et alienâ (1). *In princ. Instit. h.*

Le mandat pour l'utilité du seul mandataire n'est pas un vrai mandat; c'est un simple conseil qui n'est point obligatoire. *At si tuâ gratiâ mandatum sit, supervacuum est mandatum, et ob id nulla ex eo obligatio nec mandati inter vos actio nascitur. Ibid.*

On voit que le mandat peut n'être utile qu'au mandant, mais qu'il ne peut jamais n'être utile qu'au mandataire.

Si on suivait ici la règle générale, il y aurait donc des cas où le mandataire ne répondrait que du dol; et s'il fallait admettre la faute très-légère avec les règles des interprètes,

---

(1) Art. 1984 du Code Napoléon.

il ne pourrait jamais en être responsable. Cependant les lois décident qu'il est toujours responsable de la faute (1), et plusieurs interprètes veulent qu'il le soit de la faute très-légère.

La décision des lois a été visiblement dictée par l'intérêt général. Le mandat est le principal lien du commerce; il rapproche les hommes séparés par les plus grandes distances, et leur donne moyen de contracter des engagemens, quelquefois avec autant de facilité que s'ils habitaient ensemble. Si on n'eût exigé des mandataires que la prestation du dol, ils auraient souvent trompé la confiance de leurs mandans. De-là seraient provenus les soupçons et les craintes, qui auraient infiniment borné l'usage de

(1) Art. 2992 du Code Napoléon.

ce contrat, et par conséquent tous les avantages que les hommes retirent d'une grande correspondance entre eux.

Examinons le texte des lois.

Si dolus nec culpa intervenit, non teneberis. L. 8. § ult. D. h.

Tàm dolum quàm culpam præstare necesse est. L. 11, C. h.

A procuratore dolum et omnem culpam, non etiam improvisum casum præstandum esse juris autoritate manifestè declaratur. L. 13. eod.

In re mandatâ non pecuniæ solùm, cujus est certissimum mandati judicium, verùm etiam existimationis periculum est. Nam suæ quidem quisque rei moderator atque arbiter, non omnia negotia, sed pleraque ex proprio animo facit: aliena verò negotia exacto officio geruntur, nec quicquam eorum ad-

ministratione neglectum ac declinatum, culpâ vacuum est. L. 21. C. eod.

L'énergie de ces deux dernières lois, et l'exclusion de la prestation du cas fortuit, ont paru à un grand nombre d'interprètes des preuves suffisantes pour soumettre le mandataire à la prestation de la faute très-légère. Mais les lois se servent d'expressions plus ou moins énergiques, et excluent formellement la prestation du cas fortuit dans tous les contrats où l'on répond de la faute. Cette variété et cette exclusion ne peuvent donc prouver autre chose, sinon qu'il n'y a point de faute très-légère.

§ VI.

Du Prêt.

C'est ici que triomphent les interprètes : nous allons voir si c'est avec fondement

Nunc videndum est quid veniat in commodati actione, utrum dolus, an et culpa, an verò et omne periculum. Et quidem in contractibus interdùm dolum solum, interdùm et culpam præstamus. Dolum in deposito; nam quia nulla utilitas ejus versatur apud quem deponitur, merito dolus præstatur solus; nisi fotè et merces accessit, tunc enim etiam culpa exhibetur: aut si hoc ab initio convenit et culpam et periculum præstet is penes quem deponitur. Sed ubi utriusque utilitas vertitur, ut in emto, ut in locato, ut in dote, ut in pignore, ut in societate et dolus et culpa præstantur. Commodatum autem plerumque solum utilitatem continet ejus cui commodatur, et ideò verior est Quinti Murcii sententia existimantis at culpam præstandam et diligentiam.... Quod verò senectute contigit, vel morbo vel vi latronum ereptum est, aut quid simile accidit, dicendum est nihil eorum esse imputandum ei qui commodatum recepit, nisi aliqua culpa interveniat. L. si ut certo 5. § 2. § 4. *D. h.*

Pour bien saisir le vrai sens de cette loi, il faut la comparer avec la fameuse loi *Contractus*, qui nous sert de texte. Ulpien est l'auteur de l'une et de l'autre; on ne saurait mieux l'interpréter que par lui-même: et quand elles ne seraient pas du même jurisconsulte, elles se ressemblent si fort, qu'elles sont très-propre à s'expliquer mutuellement. Les principes généraux y sont enseignés d'une manière uniforme, et il y a dans l'une comme dans l'autre une énumération de contrats où l'on répond de la faute; mais il y a une différence qui, loin d'ébranler mes principes, les affermit d'avantage.

Dans la loi *Contractus*, le jurisconsulte donnant une règle générale, et n'ayant à traiter d'aucun contrat en particulier, compte dix contrats dans lesquels on répond de la faute, et sépare les deux derniers d'avec les autres, en disant que ceux-ci *recipiunt et diligentiam*.

Dans la loi *si ut certo*, le jurisconsulte n'ayant à décider que de ce qui concerne le prêt, commence par donner pour exemple cinq contrats où on répond de la faute, il y met la société avec quatre autres *in quibus præstatur diligentia*, et il ne relève point la distinction qu'il faut faire entre eux, parce qu'ils ne sont pas l'objet de sa décision : ce qui prouve qu'il ne regarde la diligence que comme un caractère qui indique la règle sur laquelle la faute se mesure ; mais qui n'établit point diverses espèces de faute.

Après ces préliminaires, le jurisconsulte en vient à l'objet de tout ce qu'il avait posé auparavant, et il dit : *Commodatum autem plerumque solam utilitatem continet ejus cui commodatur ;* d'où il conclut que l'emprunteur est responsable de la faute, et il ajoute aussitôt *et diligentiam*, parce que devant décider pleinement de la nature de la faute dans le prêt qui est le sujet de ce paragraphe, il fallait qu'il indiquât sur quelle règle elle se mesure.

Les interprètes, toujours féconds en imaginations, croyent que le jurisconsulte a voulu ici opposer le cas *in quo versatur utilitas solius accipientis*, au cas *in quo utriusque utilitas vertitur*. Mais il n'y a pas un seul mot dans la loi qui le fasse soupçonner. Ulpien dit : il y a des contrats où on répond du dol, *quia nulla versatur accipientis utilitas*; il y en a d'autres où on répond de la faute, *quia utriusque utilitas vertitur*. Dans quelle classe faut-il mettre le prêt ? dans la seconde, *quia versatur utilitas accipientis et plerumque quidem ejus solius*. Or pour que celui qui reçoit soit responsable de la faute, il suffit que le contrat lui soit avantageux, quand même il le serait aussi à l'autre contractant. A plus forte raison répondra-t-il de la faute, si le contrat n'est avantageux qu'à lui seul.

Il est vrai que le prêt peut se faire pour l'avantage du prêteur seul ; mais ce n'est pas l'ordinaire, et ainsi Mucius a eu raison de décider qu'en général l'emprunteur est responsable de la faute. Ce qui n'empêche pas que l'emprunteur ne soit exempt de répondre de la faute (1), lorsque le prêt a été effectivement fait pour la seule utilité du prêteur, comme l'enseigne le § 10 de la même loi : *Interdùm planè dolum solum in re commodatâ qui rogavit præstabit; ut puta si quis ità convenit, vel si suâ duntaxat causâ commodavit, sponsæ sortè suæ vel uxori, quo honestius culta ad se deduceretur*, etc.

Culpam non præstat is quis precario rogavit, sed solum dolum præstat: quanquam is qui commodatum suscepit, non tantùm dolum sed etiam culpam præstat. L. 8. § 3. D. de precar.

---

(1) Art. 1884 du Code Napoléon.

Cette loi n'est remarquable que par son auteur, qui est Ulpien. Il ne parle point ici de la diligence, parce qu'il suffisait de parler de la faute pour faire sentir la différence des prestations dans le prêt et dans le précaire. Il est donc vrai, encore un coup, que quand ce jurisconsulte fait mention de la diligence, c'est pour indiquer sur quelle règle la faute se mesure.

In rebus commodatis talis diligentia præstanda est, qualem quisque diligentissimus paterfamillas suis rebus adhibet (1) *ita ut tantùm eos casus non præstet quibus resisti non possit. L.* 18 *D. h.* Voilà la règle générale.

Ces termes *quisque diligentissimus* désignent, si l'on en croit les interprètes, un homme d'une rare dili-

---

(1) Art. 1880 du Code Napoléon.

gence. J'ai apprécié d'ailleurs cette idée à sa juste valeur. J'ajouterai seulement ici que les lois emploient, et dans les contrats *in quibus utriusque utilitas vertitur*, et dans ceux *in quibus vertitur utilitas solius accipientis* ; qu'elles emploient, dis-je, indifféremment ces expressions *diligentia*, *custodia*, seules ou avec les adjectifs *omnis*, *plena*, *exacta*, *exactissima*, *paterfamilias* avec les épithètes *bonus*, *prudens*, *idoneus*, *diligens*, *diligentissimus* ; *vir diligens ; homo frugi*, *diligens* ; *culpa* ordinairement seule, ou avec les adjectifs *levis*, *omnis ; culpa levissima* se trouve une seule fois dans la loi 44 *in princ. D. ad Leg. acquil.* (1)

---

(1) Voici les termes de cette loi : *in Lege aquilià et levissima culpa venit*. La loi *Aquilia* embrasse dans sa disposition des fautes qui

L'expression familière d'Ulpien pour désigner la prestation de la faute mesurée sur la diligence du père de famille, est *præstare culpam et diligentiam*, ou *et custodiam*. Gaius, pour faire sentir combien la vigilance doit être scrupuleuse, aime à se servir de superlatifs; d'autres croient les positifs assez énergiques, et s'en contentent. Mais

---

sont d'une grande conséquence par leurs effets, comme celles qui occasionnnent la mort d'un esclave. Ces fautes méritent d'être réprimées avec plus de rigueur; c'est ce qu'a voulu faire comprendre le jurisconsulte. Les fautes légères sont telles plus ou moins. Quoique cette différence ne produise point d'effet, à considérer les principes en eux-mêmes, elle peut en produire dans la pratique, parce que le juge peut être plus ou moins sévère dans l'application des principes. Voyez les principes que j'ai établis au commencement, et ce que je dirai dans l'article de la société sur la loi *quod Nerva*.

nos docteurs qui sont les suprêmes arbitres des lois, ne sont pas gens à se laisser gêner par des mots, quand ils son contraires à leurs idées. Là, disent-ils, on a mis un positif au lieu d'un superlatif; ici le superlatif à son tour a pris la place du positif; ailleurs vous sous-entendrez un superlatif, quoiqu'il n'y ait pas même de positif; et ils appellent tout cela interpréter les lois. Si on leur objecte qu'ils le font d'une manière un peu violente, ils répondent froidement: *Non nunquam jurisconsulti pingiùs loquuntur, non semper eodem modo loquuntur.* Continuons l'examen de la loi.

Hæc ità, si duntaxat accipientis gratiâ commodata sit res. At si utriusque, veluti si communem amicum ad cœnam invitaverimus, tuque ejus rei curam suscepisses, et ego tibi argentum commodaverim, scriptum quidem apud quosdam invenio quasi dolum tantùm præstare debeas. Sed videndum est ne et culpa præsta sit, utità culpæ fiat æstimatio, sicut in rebus pignori datis et dotalibus æstimari solet. Ces jurisconsultes, dont parle Gaius, auteur de cette loi, croyaient-ils que dans tous les contrats *in quibus utriusque utilitas vertitur,* on ne devait répondre que du dol? Il n'y a point d'apparence : la plupart des contrats étant de cette espèce, une pareille décision eût été trop contraire au bien public. En supposant que ce fût là leur principe, la décision de Gaius consisterait simplement à le nier.

On pourrait peut-être penser que leur raison de se contenter de la prestation du dol était que les prestations ne doivent pas être les mêmes dans le cas où le prêt n'est utile qu'à l'emprunteur, et dans celui où il l'est aux deux contractans. Voici ce que signifirait alors la réponse de Gaius : « Dans le gage, la dot et « autres contrats qui concerne l'uti- « lité des deux contractans, on ré- « pond de la faute ; donc dans notre « espèce on doit répondre de la « faute. » Mais une pareille raison était indigne de ces jurisconsultes. Les deux réponses que je mets dans la bouche de Gaius ne rendent pas non plus l'énergie de ces mots : *ut ità culpæ fiat æstimatio.*

Pour trouver le vrai sens de cette loi, il faut observer, 1°. qu'il y a encore un autre contrat sur lequel on a élevé le même doute ; c'est la société ; 2°. que dans notre espèce, dans la société et dans la communauté, l'*utriusque utilitas* se prend d'une toute autre façon que dans les autres contrats. Dans ceux-ci elle n'a pas le même objet ; elle est double, et chacun des contractans à la sienne totalement différente de celle de l'autre.

Dans le gage, l'utilité est de la part du débiteur *quo magis pecunia ei credatur*, et de la part du créancier *quo magis ei in tuto fit creditum*.

Dans la vente, l'acheteur trouve son avantage dans l'acquisition de la chose vendue, et le vendeur dans l'acquisition du prix.

Dans le louage, le bailleur a le loyer, et le locataire l'usage. Dans la constitution de dot, la fille acquiert un mari qui supportera les charges du mariage, et le mari acquiert la jouissance de la dot, etc. Au contraire dans les contrats ci-dessus nommés, l'utilité est une et inséparable, et elle a le même objet.

Voici donc quel était le raisonnement de ces jurisconsultes, dont Gaius rejette l'opinion. Dans la société, les contractans ont pour objet de faire quelque chose dont l'utilité leur sera commune; la confiance préside au choix qu'ils font les uns des autres; chacun consent que ses co-associés agissent pour lui comme pour eux-mêmes : d'où il faut conconclure qu'ils ne doivent répondre que du dol. Mais il en est de même, lorsqu'il se fait un prêt pour l'utilité des deux contractans; l'un ne peut profiter du prêt sans que l'autre en profite.; ils ont une confiance réciproque : l'emprunteur n'est donc responsable que du dol.

Gaius répond : On ne peut assimiler ces deux contrats; car dans notre espèce la propriété de la chose prêtée n'est point commune : d'où il s'ensuit, 1°. que l'emprunteur doit répondre de la faute; 2°. que cette faute ne doit pas s'estimer comme dans la société, mais comme dans tous les contrats *in quibus culpa dirigitur ad exactissimam seu boni patrisfamilias diligentiam.* Car malgré le raisonnement que je viens d'exposer, Celse et Gaius lui-même (1) ont décidé que l'associé répond de la faute; mais Gaius a pris un tempéramment; il a réglé la faute sur la conduit de l'associé dans ses propres affaires; et c'était en effet tout ce qu'on pouvait conclure de ce raisonnement : la conséquence que ces autres jurisconsultes en tiraient, était outrée.

Quant à la communauté, quoique l'*utriusque utilitas* y soit de même espèce que dans la société, on n'a jamais douté que le co-propriétaire

(1) *L.* 52. § 2. *L.* 72. *D. pro Soc. junct.* § *ult. Instit. de Soc.*

ne fût responsable de la faute, *quia cum eo non contrahimus, sed incidimus in eum. L. 25. § 16. D. fam. ercisc.*

Je ne fais donc au fonds qu'interpréter Gaius par lui-même. On n'a jamais formé le doute dont il s'agit ici que dans deux cas; Gaius les a examinés, et les a décidés tous deux. Il a rejeté le sentiment de ceux qui n'exigeaient dans tous les deux que la prestation du dol. Il a dit pour l'un, qu'on y répond de la faute, *sed quæ non ad exactissimam diligentiam dirigenda est. Sufficit enim talem diligentiam communibus rebus adhibere solet.* Il a dit pour l'autre, qu'on y répond de la faute, *ut ità culpæ fiat æstimatio, sicut in rebus pignori datis et dotalibus* (et autres *in quibus culpa ad exactissimam diligentiam dirigitur*), *æstimari solet.* Remarquons ici combien Gaius s'exprime plus correctement qu'Ulpien. Gaius dit que la faute se mesure, se règle, s'estime sur telle diligence ; au lieu que cette expression *præstare culpam et diligentiam*, présente naturellement l'idée de deux prestations différentes.

Il est vrai que l'omission de la diligence *in rebus suis* s'appelle *culpa*, et qu'en ce sens *præstare culpam et diligentiam* signifie être obligé non-seulement à une diligence égale à celle qu'on a pour ses propres intérêts, mais encore à celle d'un bon père de famille. Mais le mot *culpa* étant commun à l'omission des deux diligences, Ulpien aurait dû prévoir qu'on pourrait se tromper sur le sens de ses paroles.

Au surplus ce jurisconsulte en avait peut- tre déterminé le vrai sens dans ses ouvrages, et nous n'aurions de reproche à faire qu'aux compilateurs du digeste, qui, en faisant une collection si informe et si défectueuse en tous points, ont donné matière à tant de disputes et d'erreurs.

Is qui utendum accepit, sanè quidem exactam diligentiam custodiendæ rei præstare tenetur; nec sufficit ei tantam diligentiam adhibuisse, quantam suis rebus adhibere solitus est, si modò alius diligentior poterat eam rem custodire. Sed propter majorem vim, majoresve casus non tenetur, etc. § 2. *Instit. quib. mod. re cont. oblig.* Ce paragraphe paraît tiré de Gaius, qui dans la loi 1. § 4. *de D. oblig.* s'exprime ainsi : *Is qui utendum accepit,.... exactissimam diligentiam custodiendæ rei præstare compellitur; nec sufficit ei eamdem diligentiam adhibere, quam suis rebus adhibet, si alius diligentior custodire poterit.*

Remarquez que Gaius se sert du superlatif *exactissimam*, et que Justinien a mis à la place le positif. Le sens de ces deux lois est fort clair. Lorsqu'un autre aurait pu être plus diligent, c'est qu'on n'a point fait usage de toute sa capacité, et que par conséquent on n'a point imité la diligence d'un bon père de famille. L'Empereur et le jurisconsulte ont donc voulu dire que l'emprunteur doit imiter cette diligence, et que ses devoirs sont plus étendus que ceux de l'associé et du co-propriétaire; et qu'ainsi il ne suffit pas d'avoir soin de la chose prêtée comme de ses propres biens, si on n'a soin de ses biens autant qu'on en est capable.

J'ai donc démontré que toutes les loix qui concernent le prêt ne prouvent rien en faveur des interprètes. C'est pourtant sur ces lois que pose tout leur système, ce sont-là toutes leurs preuves, et nous ne les verrons désormais que sur la défensive, c'est-à-dire, donnant sans cesse la torture aux lois pour les assujétir à leur opinion.

§ VII.

De la vente.

Talis custodia desideranda est à venditore, qualem bonus paterfamilias suis rebus adhibet. L. 35. § 4. *D. de contrah. emt. — Si venditor eam diligentiam adhibuisset... quam debent homines frugi et diligentes præstare, si quid accidisset, nihil ad eum pertinebit. L.* 11. *D. de per. et com. rei vend. — Venditor domus, antequàm et eam tradat,..... custo-*

diam et diligentiam præstare debet. L. 36 D. de act. emti. — Dùm venditoris custodia est, is debet.. omnem diligentiam emtori præstare. L. 18. § 9. D. de damno inf.—Sanè periculum rei ad emtorem pertinet, dummodò custodiam venditor antè traditionem præstet. L. 14. in princ. D. de furt. —Si cùm fundum venderes, in lege dixisses, quod mercedis nomine à conductore exegisses, id emtori accessurum esse; existimo te in exigendo non solùm bonam fidem, sed etiam diligentiam præstare debere; id est, non solùm ut à te dolus malus absit, sed etiam ut culpa. L. 68. in princ. D. de contrah. emt.

Suivant cette loi, la faute consiste dans l'omission de la diligence, comme le dol dans le défaut de bonne foi. *Si servus, quem vendideras, jussu tuo aliquid fecit et ex eo crus fregit, ità demùm ea res tuo periculo non est, si id imperasti quod solebat ante venditionem facere, et si id imperasti quod etiam non vendito servo imperaturus eras.*

Labeon, auteur de cette loi, pensait que le vendeur n'était obligé d'avoir soin de la chose vendue que comme des siennes propres.

Aussi Paul le reprend-il en ces termes : *Minimè. Nam si periculosa ante venditionem facere solitus est, culpâ tuâ id factum esse videbitur... idem juris erit, si eam rem imperare solitus fueris, quam prudens et diligens paterfamilias imperaturus ei servo non fuerit. L. 54. in princ. D. de act. empti.*

Cette loi nous donne une idée précise de la différence qu'il y a entre la prestation de la diligence d'un bon père de famille, et celle de la diligence ordinaire *in suis rebus*.

Ce ne serait peut-être pas une conjecture dénuée de fondement, de penser que du tems de Labeon la nature de la diligence prescrite à ceux qui sont chargés des intérêts d'autrui, n'était pas encore bien fixée, ou même qu'on en avait communément la même idée que ce jurisconsulte.

Il n'est pas étonnant dans cette hypothèse, que le mot *culpa* ayant été d'abord consacré à signifier l'omission de la diligence *in suis rebus*, des jurisconsultes plus modernes aient désigné la prestation de la diligence d'un bon père de famille par ces mots : *præstare culpam et diligentiam*, et que d'autres, pour exprimer la même chose, aient insisté sur la nécessité d'être plus diligent *in rebus alienis quàm in suis*, si on n'est aussi diligent qu'on en est capable.

Custodiam (vini) antè adme-

tiendi diem qualem præstare venditorem oporteat, utrum plenam ut et diligentiam præstet, an verò dolum duntaxat, videamus: et puto eam diligentiam venditorem exhibere debere, ut fatale damnum, vel vis magna, sit excusatum. Custodiam autem venditor talem præstare debet, quàm præstant hi quibus res commodata est, ut diligentiam præstet exactiorem quam in suis rebus adhiberet. L. 2. § 1. L. 3. D. de per. et com. rei vend.

Ces lois ont cruellement tourmenté les interprètes. Elles exigent discrtement du vendeur autant de diligence que de l'emprunteur; ce qui renverse leurs principes. Pour se tirer de cette dificulté, ils prétendent qu'elles parlent d'une vente de vin à la mesure, et qu'elles ont en ce cas imposé des obligations plus fortes au vendeur, parce que la vente n'est point parfaite avant le mesurage. Si cela était vrai, il y aurait une antinomie insoluble entre ces lois qui déchargent le vendeur de la prestation du cas fortuit, et les lois 5 *eod* et 35. § 5 et 7 *D. de contrah. emt.* (1) qui l'en chargent, précisément parce que quand une chose a été vendue à la mesure, la vente n'est point parfaite avant le mesurage (2) et ce qui est bien remarquable, on mettrait deux des plus plus grands jurisconsultes en contradiction avec eux-mêmes. Car Gaius est l'auteur des lois 2 et 35, et les lois 3 et 5 sont toutes deux tirées du livre 5 de Paul sur Sabin.

---

(1) Et plusieurs autres; mais je ne cite que ces deux-là, à cause des contradictions qu'il faut imputer aux Jurisconsultes en adoptant l'interprétation des Docteurs.

(2) Art. 1585 du Code Napoléon.

Il y a des interprètes qui se sauvent de cet embarras par une réponse, avec laquelle ils peuvent éluder les lois les plus claires. C'est que dans l'espèce des lois 2 et 3, l'acheteur était convenu que le vin serait à ses risques dès le tems du contrat, convention qui était dans les originaux, et que les compilateurs du digeste ont omise. Au lieu de me livrer à des conjectures, je chercherai dans les lois mêmes l'interprétation qu'il faut leur donner. Celle des interprètes n'est fondée que sur ces mots de la loi 2 *antè admetiendi diem*; d'où ils concluent qu'elle parle d'une vente à la mesure. Mais je soutiens qu'on peut vendre du vin qui doit être mesuré, sans le vendre à la mesure, et le prouve par les § 1 de la loi 1 au même titre, qui le dit positivement : *Antè mensuram periculo* (*venditor*) *liberatur, si non ad men-*

suram vendidit, sed fortè amphoras, vel etiam singula dolia.

Je vois deux raisons pour mesurer du vin qui n'est pas vendu à la mesure. 1°. Supposé que le vin soit contenu dans des vaisseaux qui doivent avoir une mesure fixe, le mesurage peut être utile pour savoir s'ils contiennent effectivement la quantité requise. 2°. Supposé même que le vin soit contenu dans des vaisseaux qui n'ont pas une mesure connue (1), le mesurage peut être utile à l'acheteur, pour savoir s'il a eu le coup d'œil bon, et s'il a fait un achat avantageux pour la quantité. Cette utilité suffisait pour qu'il fût ordinaire parmi les Romains

---

(1) Il paraît par les derniers mots de cette même loi 1, que les Romains avaient de grands vaisseaux (*dolia*) de ces deux espèces.

que l'acheteur mesurât le vin en le transvasant des *tonneaux* du vendeur dans les siens. Car il faut observer que quand ils vendaient du vin contenu *in doliis*, ils avaient coutume de vendre seulement le vin, et de garder ces sortes de vaisseaux, qui étaient ordinairement d'une grandeur énorme, et qui souvent même étaient en terre. Il en était autrement, lorsque le vin était *in amphoris et cadis*. On voit la preuve de tout cela dans les lois 1 et 2 h. et plusieurs autres, sur-tout dans la loi 3. § 1. *D. de trit. vin.* et dans la loi 15 *cod.* Or il est indubitable que dans les lois que j'explique, il s'agit de vin contenu *in doliis*, ces lois étant évidemment la suite du § dernier de la loi 1.

Il est donc certain que les mots *antè admetiendi diem* ne prouvent pas que dans l'espèce de la loi 2 le vin avait été vendu à la mesure, mais cela étant, peut-on balancer son choix entre l'interprétation des docteurs qui supposent ou doivent supposer que deux grands hommes se sont contredits lourdement, et l'un d'eux dans un même endroit de ses ouvrages, ou qui pour les accorder avec eux-mêmes, ont recours à de vaines conjectures; et une interprétation qui dissipe la prétendue contradiction de la manière la plus simple, et d'après une loi dont celles qu'elle explique ne sont que la suite. Disons donc que ces mots *antè admetiendi diem* signifient la même chose que *antè tradendi diem*, et que Gaius a cru pouvoir indiquer la tradition par le mesurage, parce que c'était la coutume de mesurer le vin lors de la tradition.

Un célèbre jurisconsulte, à qui j'ai communiqué cette dissertation, a tiré avantage de la connexité qu'il y a entre les trois premières lois de ce titre *de per. et com. rei vend.* pour défendre l'interprétation des docteurs. Il m'a soutenu que dans le § dernier de la loi 1, il s'agit de vin vendu à la mesure, parce qu'il y est dit que si l'acheteur ne fait pas vider avant la vendange les tonneaux qui contiennent le vin qu'il a acheté, le vendeur peut le répandre; mais qu'il doit le mesurer en le tirant des tonneaux, *ut appareret quantùm emtori perierit.* Or cette précaution n'eût pas été nécessaire, si la vente eût été faite *per aversionem*, c'est-à-dire, à un seul prix pour la totalité du vin (1), au lieu qu'elle est nécessaire, lorsque la vente a été faite à la mesure, pour connaître le total du prix.

---

(1) Art. 1586 du Code Napoléon.

Je conviens très-fort qu e, suivant mon interprétation, cette précaution n'est pas absolument nécessaire ; mais je dis qu'elle est utile, afin que si l'acheteur vient à contester que le vendeur ait eu juste raison de répandre le vin, et qu'il obtienne gain de cause, le vendeur ne coure pas le risque d'être condamné à payer une somme excessive pour les dommages et intérêts ; ce qui pourrait arriver aisément. Car dans le doute sur la quantité de vin que contenaient les tonneaux, le juge pencherait plutôt à l'augmenter qu'à la diminuer, parce que la cause du vendeur serait défavorable ; et de ce que cette précaution n'est pas, selon moi, nécessaire, mais seulement utile, je tire la preuve que j'ai saisi le vrai sens de la loi ; car elle ne donne qu'un simple conseil, *veteres hoc propter mensuram suasc-*

runt. Si cette précaution eût été nécessaire, la loi se serait-elle contententée de la conseiller?

Voilà donc une preuve positive que dans le § dernier de la loi 1; et par conséquent dans les lois 2 et 3, il est question d'une vente faite *per aversionem*: d'où il s'ensuit que cette espèce rentrant dans la thèse générale, la décision doit être aussi regardée comme générale.

§ VIII.

Du Gage.

Quia pignus utriusque gratiâ datur, et debitoris quò magis pecunia ei credatur, et creditoris quò magis ei in tuto sit creditum, placuit sufficere si ad eam rem custodiendam exactam diligentiam adhibeat, quàm si præstiterit et aliquo fortuito casu rem amiserit, securum esse, nec impediri creditum petere, § 4. *Inst. quib mod. re cont. oblig.* (1).

Les interprètes ont donné un sens détourné au mot *sufficere.* Il est évident que l'Empereur l'emploie pour exclure la prestation du cas fortuit. *Si creditor, cùm venderet pignus, duplam promisit.... et conventus ob evictionem erat et condemnatus, an haberet regressum pignoratitiæ contrariæ actionis? et potest dici esse regressum, si modò sine dolo et culpâ sic vendidit, et ut paterfamilias diligens id gessit. L.* 22 § 4. *D. de pign. act.*—*Culpam duntaxat (à creditore) præstandam, non vim majorem. L.* 30 *cod.* — *Venit in hâc actione et dolus et culpa ut in commodato, venit et custodia, vis major non venit. Ea igitur quæ*

(1) Art. 2080 du Code Napoléon.

diligens paterfamilias in suis rebus præstare solet, à creditore exiguntur. L. 13. § 1. L. 14 eod.

Dans le gage comme dans le prêt, on répond de la faute : cette faute se mesure sur la diligence, et la diligence et celle d'un bon père de famille. *Et culpa et diligentia*, ou *et custodia*, c'est le langage ordinaire d'Ulpien, auteur de la loi 13. Les Empereurs Diocletien et Maximien l'ont imité dans la loi 19. *C. de pignor. sicut vim majorem pignorum creditor præstare non habet necesse, ità dolum et culpam, sed et custodiam exhibere cogitur.*

Que ces lois sont accablantes pour les Docteurs ! ils n'ont pas de prétexte pour dire qu'elles parlent de cas particuliers, leurs expressions se refusent à cette interprétation; cependant plusieurs l'ont dit, parce que toute interprétation leur est bonne, pourvu qu'elle sauve leur systême. Noodt est plus hardi, il corrompt le texte de la loi 13, et le lit ainsi : *Venit in hâc actione et dolus et culpa ; at in commodato, venit et custodia, vis major non venit;* ensorte que les deux tiers du § sont employés à décider des prestations de l'emprunteur. Pour réfuter cette ridicule correction, il me suffira d'observer que la conjonction *ut* est rendue dans les basiliques par la conjonction ὡς.

§ IX.

Du Bail.

In judicio tàm locati quàm conducti dolum et custodiam, non etiam casum cui resisti non potest, venire constat. L. 28. C. h.

Si quidem fortuitus casus incendii causam intulerit, non præstabit periculum locator; si verò culpa, locatori quam præstare necesse est, damnum fecerit tenebitur. L. 9. § 3. *D. h.*

Ab eo (conductore) custodia talis desideratur, qualem diligentissimus paterfamilias suis rebus adhibet, quam si præstiterit et aliquo casu fortuito eam rem amiserit, de restituendâ eâ non tenebitur, § 5. *Inst. h.*

Culpa abest, si omnia facta sunt, quæ diligentissimus (1) *quisque observaturus fuisset. L.* 25. § *pen. D. h.*

---

(1) Cette loi est de Gaius, et le § 5 *Inst. h.* est encore vraisemblablement de lui. Justinien avertit dans la préface des Instituts, que pour les composer, il a principalement puisé dans les écrits de ce Jurisconsulte; et je n'en vois aucun autre qui se soit servi des superlatifs *diligentissimus paterfamilias*, *exactissima diligentia.*

Qu'oppose-t-on à ces textes? Ce sont encore des cas particuliers qui y sont traités suivant un grand nombre d'interprètes. Quel aveuglement! Vinnius sur le § 5. *Instit. h.* les réfute, et résout tout à son aise la difficulté, en disant qu'il faut expliquer ces lois selon la nature du contrat, nature qu'il suppose avoir prouvée. Il allègue aussi la loi 3. § 1. *D. naut. caup. stab.* comme décisive en sa faveur. Ceux qui ont mis *in navi*, *cauponâ*, *vel stabulo*, des effets qu'ont reçu ceux qui sont préposés pour cela, ont diverses actions contre eux, lorsque leurs effets ont été perdus ou endommagés. Ils ont l'action *depositi*, s'ils les ont reçus gratuitement; s'ils ont exigé un salaire, ils ont l'action *locati*. Mais le préteur considérant que les voyageurs sont obligés de se livrer à la bonne foi de ces sortes de gens, et voulant pourvoir pleinement à leur sûreté, leur a accordé une action particulière qui aurait lieu dans tous les cas. Ulpien, dans la loi que nous avons à examiner, rapporte que Pompone s'étonnait de ce que le préteur leur avait ainsi accordé une action, tandis qu'ils en avaient de civiles qui paraissaient suffisantes. *Miratur igitur cur honoraria actio sit inducta, cùm sint civiles : nisi fortè, inquit, ideò ut inotesceret prætorem curam agere reprimendæ improbitatis hoc genus hominum ; et quia in locato conducto culpa, in deposito dolus duntaxat præstatur. At hoc edicto omnimodo qui recepit tenetur, etiamsi sine culpâ ejus res periit vel damnum datum est, nisi si quid damno fatali contingit.*

Igitur ex sententiâ jureconsulti, dit Vinnius, *is qui recepit præstat medium aliquid inter culpam et casum fortuitum, quod non præstat conductor. Atqui hoc medium nihil aliud esse fateri omnes debent quàm culpam levissimam.* Rien n'est moins solide que ce raisonnement. Le jurisconsulte ne dit pas simplement *sine culpâ*, mais *sine culpâ ejus.* Or, suivant l'édit du préteur, celui qui a reçu les effets est non-seulement responsable du fait de ses gens, mais encore du fait des voyageurs, quoiqu'il n'ait commis aucune faute qui ait donné occasion au dommage. *Et puto...... eum factum non solùm nautarum præstare debere, sed et vectorum; sicut et caupo viatorum. L. 1. § ult. L. 2. eod.*

Les actions *depositi et locati* ne pouvaient s'étendre jusques-là. Ulpien dans la loi 1. § 1. *eod.* rend raison de cette rigueur. *Ne quisquam putet,* dit-il, *graviter hoc adversùs eos constitutum ; nam est in ipsorum arbitrio ne quem recipiant ; et nisi hoc esset statutum, materia daretur cum furibus adversùs eos quos recipiunt coeundi, cùm ne nunc quidem abstineant hujus modi fraudibus.*

§ X.

De la Dot.

Et dolum et culpam maritus præstare debet. L. ult. D. soluto matrim. add. L. 18. § 1. *L.* 25. § 1. *L.* 66. *in princ. D. eod.*

Si maritus sævus in servos dotáles fuit, videndum an de hoc possit conveniri? et si quidem tantùm in servos uxoris sævus fuit, constat eum teneri hoc nomine. Si verò et in suos est natura talis, adhuc dicendum est immoderatam ejus sævitiam hoc judicio coercendam.

Quamvis enim diligentiam uxor eam demùm ab eo exigat, quàm rebus suis exhibet, nec plus possit ; at tamen sævitia quæ in propriis culpanda est, in alienis (1) *coercenda est. L.* 24. § 5. *D. eod.*

In rebus dotalibus virum præstare oportet tàm dolum quàm culpam, quia causa sua dotem accipit; sed etiam (2) *diligentiam præstabit quàm in suis rebus exhibet.*

---

(1) En réfutant les principes des interprètes, j'ai dit, et j'ai prouvé par la loi 23. § 3. *D. ad Senat. Trebell.* que les lois ne proposent pas pour modèle aux associés et aux copropriétaires toute la conduite qu'ils tiennent dans leurs propres affaires, mais seulement leur diligence. Cette loi en fournit une nouvelle preuve.

(2) On pourrait peut-être, à cause du mot *etiam*, interpréter cette loi comme la loi *in omnibus* qu'on verra dans l'article suivant. La loi 24. *D. solut matrim.* serait alors la seule qu'on ne pourrait concilier.

La disposition de ces deux dernières lois paraît équitable. Car le mari a, pendant le mariage, le domaine civil de la dot. C'est d'ailleurs une faute impardonnable à une femme de ne s'être point assurée, avant de se marier, du caractère et de la conduite de l'homme sous les lois duquel elle a consenti à (1) vivre. Enfin l'amour tendre qui doit unir les deux époux, leur a fait un devoir à chacun de regarder les intérêts de l'autre comme les siens propres ; ils ont contracté une société plus précieuse et plus parfaite que celles dont l'intérêt seul est l'objet, *consortium omnis vitæ, divini et humani juris communicationem. L. 1. D. de ritu nupt.*

---

(1) *Bonum erat mulierem, quæ seipsam committit, res etiam ejusdem pati arbitrio gubernari. L. 8. C. de pact. conv.*

Mais comment concilier tout cela avec la loi *Contractus?* Car si on règle la conduite que le mari doit tenir dans l'administration des biens dotaux, sur celle qu'il tient dans ses propres affaires, ses devoirs seront semblables à ceux de l'associé et du co-propriétaire (1), et il ne sera donc pas vrai que *dotis datio recipit diligentiam*, comme l'assure Ulpien dans cette loi.

J'avoue ingénûment que je ne vois pas de conciliation satisfaisante. J'observerai seulement qu'il était très-difficile de décider à quoi le mari devait être astreint, et qu'ainsi il y a ici plus de raison de conjecturer qu'il y a eu des variations parmi les jurisconsultes. C'est peut-être pour cela même qu'Ulpien dans

---

(1) Le Code Napoléon assimile le mari à un usufruitier. (*Art.* 1562.)

la loi *Contractus* appuie sur sa décision, en disant *item dotis datio*, quoique ce même jurisconsulte donne une décisión contraire dans la loi *si maritus* rapportée ci-dessus.

La loi 6. *D. pactis dot.* déclare nulle la convention par laquelle le mari est déchargé de la prestation de la faute dans l'administration de la dot. C'est un droit particulier introduit *propter utilitatem nubentium.*

§ XI.

De la Tutèle.

Quidquid tutoris dolo, vel latâ culpâ, aut levi, seu curatoris, minores amiserint, vel cùm possent, non adquisierint, hoc in tutelæ seu negotiorum gestorum utile judicium venire non est incerti juris. L. 7. C. arbit. tut.

A tutoribus et curatoribus pupillorum eadem diligentia exigenda est circà administrationem rerum pupillarium, quam paterfamilias rebus suis ex bonâ fide præbere debet. L. 33. D. de adm. et per. tut.

Quotiescumque non fit nomine pupilli quod quivis paterfamilias idoneus facit, non videtur defendi. L. 10. eod.

Tutoribus vel curatoribus fortuitos casus, adversùs quos caveri non potuit, imputari non oportere sæpè rescriptum est. L. 4. C. de per. tut.

In omnibus quæ fecit tutor, cùm facere non deberet, item in his quæ non fecit, rationem reddet hoc judicio, præstando dolum, culpam, et quantum in suis rebus diligentiam. L. 1. pr. D. de tut. et rat. dist.

La conduite de la personne du pupille, et l'administration de ses biens étant un dépôt sacré que la loi confie au tuteur, il doit se montrer digne d'une confiance qui l'honore, et chérir cet enfant qui est abandonné à ses soins. Il est donc obligé de faire pour lui des efforts d'industrie et de prudence, et ses devoirs n'ont d'autres bornes que celles de ses lumières.

Ces raisons et l'énergie du mot *quantam* font voir que la loi *in omnibus* parle d'un tuteur qui est très-diligent dans la conduite de ses propres affaires (1). Un interprète grec a fait sur la même loi cette note : ουχ' ἁπλως, αλλ'οἱαν (χρεωςεῖ ἐπιμέλειαν ἐν τοῖ : ἰδιοις πραγμασιν) ἐπιμελὴς ἀνθρωπος, et il cite la loi 33. *D. de adm. et per tut.* que j'ai rapportée plus haut.

(1) Art. 450 du Code Napoléon.

§ XII.

Du Quasi-contrat.

Negotiorum Gestor.

Nous avons vu à l'article du Mandat, pourquoi celui qui se charge des affaires d'un autre, en vertu du pouvoir qu'il en a reçu, est responsable de ses fautes, quoiqu'il ne retire aucun profit de sa gestion. Il y a deux raisons de plus pour soumettre à la même obligation le *negotiorum gestor;* c'est qu'il s'ingère lui-même dans les affaires d'autrui (1), et qu'il serait extrêmement dangereux pour les absens, que le premier venu pût se mêler de leurs

(1) Art. 1352 du Code Napoléon.

affaires sans répondre de ses négligences. Mais cela n'a pas lieu lorsqu'il y a une nécessité pressante de se mêler des affaires de l'absent. *Interdùm in negotiorum gestorum actione Labeo scribit dolum solùm modò versari. Nam si affectione coactus, ne bona mea distrahantur, negotiis te meis obtuleris, æquissimum esse dolum duntaxat te præstare; quæ sententia habet æquitatem. L. 3. § 9. D. h. jung. § seq.*

Il arrive quelquefois au contraire que le *negotiorum gestor* est responsable des cas fortuits. *Si negotia absentis et ignorantis geras, et culpam et dolum præstare debes. Sed Proculus interdùm etiam casum præstare debere, veluti si novum negotium quod non sit solitus absens facere, tu nomine ejus geras, veluti venales novicios coemendo, vel aliquam negotiationem ineundo. Nam si quod damnum ex eâ re secutum fuerit, te sequetur, lucrum verò absentem; quod si in quibusdam lucrum factum fuerit, in quibusdam damnum, absens pensare lucrum cum damno debet.* Voyons les lois qui décident la question dans la thèse générale.

Ad exactissimam quisque (negotiorum gestor) diligentiam compellitur reddere rationem, nec sufficit talem diligentiam adhibere, qualem suis rebus adhibere solet, si modò alius diligentior eo commodiùs administraturus esset negotia, § 1. Instit. de oblig. quæ quasi ex cont.

Ceci est imité presque mot pour mot du § 2. *Instit. quib. mod. re cont. oblig.*, que nous avons expliqué à l'article du Prêt. Cependant la plupart des docteurs les ont interprétés diversement, comme nous le rapporte Vinnius sur ce paragraphe.

Mais ni ces docteurs, ni Vinnius qui les réfute, n'ont compris le vrai sens de ces deux paragraphes. *Videamus in personá ejus qui negotia administrat, si quædam gessit, quædam non; contemplatione tamen ejus alius ad hæc non accessit; et si vir diligens, quod ab eo exigimus, etiam ea gesturus fuit; an dici debeat negotiorum gestorum eum teneri et propter ea quæ non gessit: quod puto veriùs, L.* 6. § 12. *D. h. Culpam æstimari satis est, non etiam casum. L.* 32. *eod. Cùm non tantum dolum et latam culpam, sed et levem præstare necessè habeat. L.* 24. *C. h. Cùm omnem diligentiam præstare debeat. L.* 24. *C. de usur.*

La simple exposition de tant de lois conformes suffit pour démontrer que dans tous les contrats que j'ai examinés jusqu'ici (excepté peut-être la dot), la règle qui mesure la faute est la diligence d'un bon père de famille; qu'elles la désignent souvent par le seul mot *diligence*, sans épithète et sans explication; que le plus ou le moins d'énergie de leurs expressions n'est point une raison suffisante pour établir diverses espèces de faute, puisqu'on trouve des exemples de cette variété dans tous ces contrats. Il ne me reste plus qu'à prouver qu'elles n'admettent point la même règle dans la société et dans la communauté.

§ XIII.

De la Société.

Venit in hoc judicium pro socio bona fides, utrum ergo tantum dolum, an etiam culpam præstare socium oporteat, quæritur. Et Celsus.... scripsit socios inter se dolum et culpam præstare oportere.

Un peu plus bas : *Si rei communi*

socius nocuit, magis admittit culpam quoque venire. Damna quæ imprudentibus accidunt, hoc est, damna fatalia socii non cogentur præstare,.... si nihil dolo aut culpâ acciderit. L. 52. § 1, 2, 3. D. h.

Socius socio utrum eo nomine tantùm teneatur pro socio actione, si quid dolo commiserit, sicus is qui deponi apud se passus est; an etiam culpæ, id est, desidiæ atque negligentiæ nomine, quæsitum est. Prævaluit tamen etiam culpæ nomine teneri eum. Culpa autem non ad exactissimam diligentiam dirigenda est. Sufficit enim talem diligentiam communibus rebus adhibere socium, qualem suis rebus adhibere solet. Nam qui parum diligentem socium sibi adsumit, de se queri sibique hoc imputare debet. § ult. Instit. h. jung. L. 72. D. h.

On ne peut rien desirer de plus

clair ni de plus expressif. L'Empereur dit d'abord que l'associé est responsable de la faute (1), et il ajoute ensuite en quoi elle consiste. Ce n'est point, dit-il, sur la très-exacte diligence d'un bon père de famille qu'il faut *mesurer* la faute *dirigenda est*; ce n'est point sur cette règle qu'il faut juger si un associé est coupable de négligence; car il n'est point obligé d'être plus diligent dans les affaires de la société que dans les siennes propres.

Il y a deux raisons de cette décision. La première, que les affaires de la société étant celles de chaque associé, pour sa part seulement quant à la propriété, mais pour le total, quant à la gestion, il est naturel qu'il puisse les gérer comme les siennes propres. On ne pourrait

(1) Art. 1850 du Code Napoléon.

même, sans blesser son droit de propriété sur sa part, l'obliger, à cause des parts des autres, de gérer les affaires de la société comme des affaires d'autrui. Car la gestion étant indivisible (1), il arriverait qu'il ne pourrait administrer sa propre part que comme si elle appartenait aussi à autrui : c'est ce que Paul nous a fait entendre dans la loi 25. § 16. *D. fam. ercisc.*, lorsqu'il dit que le co-héritier n'est obligé d'avoir soin des affaires de la succession que comme des siennes, parce qu'il a droit de gérer à cause de sa part, *quoniam hic propter suam partem*

(1) Un associé ne peut être sujet à des prestations, s'il n'administre point. Or quelque petite que soit la portion des affaires de la société qu'il administre, il l'administre pour tous les membres de la société. C'est en ce sens que je dis que la gestion est indivisible.

causam habuit gerendi. Cette première raison regarde également la société et la communauté.

La seconde est celle qui est alléguée dans le paragraphe que j'explique. Tout homme qui forme une société, doit avoir examiné la conduite ordinaire de ceux avec qui il s'associe. Car il ne peut raisonnablement espérer qu'ils seront plus attentifs aux intérêts de la société qu'aux leurs. Il ne résulte de-là nul inconvénient. Comme il sait ou doit savoir quels sont les devoirs que la loi prescrit aux associés, il n'a à se plaindre que de lui-même, s'il s'associe avec des personnes peu diligentes. Ces raisons ont paru si fortes, qu'on a douté si l'associé devait être astreint à quelque chose de plus qu'à la prestation du dol, comme on le voit par les lois ci-dessus rapportées.

Il peut arriver que la règle qui est prescrite aux associés et aux copropriétaires, exige d'eux autant que celle qui ordonne d'imiter la diligence d'un bon de famille ; c'est lorsqu'ils sont aussi diligens dans la conduite de leurs affaires qu'ils peuvent l'être. Ils font alors eux-mêmes de diligens pères de famille ; et comme ils ne peuvent être moins diligens pour les affaires communes que pour les leurs, il arrive nécessairement qu'ils ont les mêmes devoirs à remplir que l'emprunteur, le mandataire, le vendeur, etc. ; et lors même qu'il ne font point usage de toute leur capacité dans l'administration de leurs affaires particulières, si les faits allégués devant le juge ne font pas connaître cette capacité, les deux règles se confondent dans la pratique.

Il y a plus. Si le juge ne connaît

ni leur capacité ni leur conduite dans leurs propres affaires, il est réduit à se contenter de présomptions plus ou moins fortes, souvent même de celles qui résultent de l'âge, du sexe, et de la profession.

La loi *Quod Nerva* 32. *D. depos.* paraît contraire à mon système : elle décide que le dépositaire commet une faute grossière, lorsqu'il apporte moins de diligence à la garde du dépôt qu'à la conservation de ses biens. C'est donc aussi une faute grossière, lorsque l'associé ou le co-propriétaire est moins diligent pour les affaires communes que pour les siennes. Je nie d'abord la conséquence. L'associé et le co-propriétaire ne sont obligés d'avoir soin des choses communes que comme des leurs, parce qu'ils en sont propriétaires pour leurs parts, et que ces parts étant indivises, il est impossible qu'ils s'abstiennent d'administrer les parts de leurs co-associés ou de leurs co-propriétaires, sans cesser d'administrer leurs propres parts. Mais si le dépositaire était responsable de la faute légère, il serait obligé d'employer à la garde du dépôt toute la diligence dont il est capable, parce qu'il n'est propriétaire d'aucune portion de la chose déposée.

J'ajoute que la décision de la loi *Quod Nerva* doit être entièrement renfermée dans son espèce. Celse qui en est l'auteur, voulait prouver que la faute grossière, poussée à l'excès, est un dol. *Quod Nerva diceret latiorem culpam dolum esse, Proculo displicebat, mihi verissimum videtur.* Dans cette vue, il suppose un homme d'une extrême négligence dans ses affaires, qui se charge d'un dépôt, et qui le néglige encore plus que ses propres biens; et il décide que ce dépositaire n'est point exempt de dol. *Nam et si quis non ad eum modum, quem hominum natura desiderat, diligens est, nisi tamen ad suum modum curam in deposito præstat, fraude non caret. Nec enim salvâ fide minorem iis, quam suis rebus, diligentiam præstabit.*

Il y a assez d'apparence qu'on croyait qu'un homme ne pouvait jamais être coupable que de fautes légères, lorsqu'il ne sortait pas des bornes de sa diligence ordinaire *in suis rebus*, et ce n'était pas sans raison. Car pour qu'une faute soit réputée grossière, il faut que la loi puisse y attacher la présomption de dol. Or il serait ridicule d'accuser de dol celui qui agit pour les autres comme pour lui, personne n'employant le dol contre soi-même.

C'est pourquoi Celse qui voulait qu'il pût entrer de la malice dans la faute grossière, attribue à ce dépositaire une négligence extraordinaire pour ses propres intérêts. Dans cette supposition, la faute la moins grossière qu'il puisse commettre, est très-lourde.

Ceux qui croyent que Celse a voulu parler d'un homme borné et presque stupide, se trompent bien fort. Plus on lui donnera d'esprit et d'expérience, plus on entrera dans la pensée du jurisconsulte. On se trompe encore davantage de croire que cette loi doit avoir des effets dans la pratique. Celse y disserte plutôt en moraliste qu'en jurisconsulte. La morale distingue des degrés dans la faute, elle y aperçoit mille nuances: mais dans cette partie du système des lois où il s'agit, non d'infliger des peines, mais d'ordonner la simple réparation des dommages, cet intervalle immense n'est qu'un point aussi indivisible que la diligence qui lui est opposée. La faute est toujours identiquement et individuellement faute, jusqu'à ce qu'elle devienne dol. De même le dol ne connaît point ici d'intervalle entre son premier degré où commence la faute grossière, et le comble de la scélératesse. De même enfin le cas fortuit est un, depuis le terme où l'omission de précautions cesse d'être faute, jusqu'à l'impossibilité physique d'écarter les dommages. Dès qu'on a atteint le premier degré dans chacune de ces classes, l'effet est le même (1) que si on les avait tous parcourus. La question si la

(1) Tous ces principes sont vrais théoriquement; mais le juge n'en peut faire l'application d'une manière bien exacte.

faute grossière renferme quelquefois un mélange de dol, est donc étrangère à la matière de la réparation des dommages. Encore un coup, Celse n'a eu d'autre but que de rendre sensible la nuance qui unit la faute grossière au dol, en imaginant un cas où l'on ne peut commettre de faute grossière sans une volonté confuse de faire du tort.

§ XIV.

De la chose indivise.

Non tantùm dolum, sed et culpam in re hereditariâ præstare debet coheres, quoniam cùm coherede non contrahimus, sed incidimus in eum. (Paul nous fait entendre ici pourquoi il est indubitable que le copropriétaire est obligé à la prestation de la faute, quoiqu'on ait douté si l'associé devait être astreint.) *Non tamen diligentiam præstare debet qualem diligens paterfamilias, quoniam hic propter suam partem causam habuit gerendi, et ideò negotiorum gestorum ei actio non competit. Talem igitur diligentiam præstare debet qualem in suis rebus. L. 25. § 16. D. fam. ercisc.*

Il faut être bien opiniâtre pour ne pas se rendre à l'évidence de cette loi. *Doli et culpæ, cum in communi dividundo judicio hæc omnia venire non ambigatur, rationem habiturus (Præses Privinciæ). L. 4. C. com. divid.*

Je couronnerai cette foule de citations par deux lois très-énergiques. *Si cui inspiciendum dedi*, dit le grand Papinien, SIVE IPSIUS CAUSA, SIVE UTRIUSQUE, *et dolum et culpam mihi præstandam esse dico non: si verò mei duntaxat causa propter utilitatem; periculum datum est*, *dolum solùm. L. si gratuitam* 17, § 2. *D. de præscript. verb.*

On ne saurait opposer que de vaines subtilités à un texte aussi clair. *Cùm quid tibi legatum, fideive tuæ commissum sit, ut mihi restituas, si quidem nihil præterea ex testamento capias, dolum malum duntaxat in exigendo legato, alioquin etiam culpam te mihi præstare debere existimavit: sicut in contractibus fidei bonæ servatur, ut siquidem utriusque contrahentis commodum versetur, etiam culpâ; sin unius solius, dolus malus tantummodò præstetur. L. si servus* 108. § 12. *D. de leg.*

1°. Il est évident que le mot *unius* s'entend de celui qui donne, et non de celui qui reçoit; les admirateurs des interprètes ne me le contesteront certainement pas. Ces deux lois rapprochées de la loi, *si ut certo* 5. §

2. D. commod., et de la loi *in rebus* 18 *eod.* me fournissent une réflexion bien décisive. Les contrats se font pour l'utilité *vel solius dantis*, *vel utriusque*, *vel solius accipientis*. La loi *si gratuitam* oppose le premier cas aux deux autres, et décide formellement que dans ceux-ci on est sujet aux mêmes prestations. La loi *si servus* et la loi *si ut certo* opposent le premier cas au second, et elles renferment dans celui-ci le troisième, parce qu'elles exigent au second la prestation de la faute, et qu'ainsi il ne reste plus rien qui puisse différencier le troisième. La loi *in rebus* oppose le second cas au troisième, mais il a fallu pour cela qu'elle mît en question, si dans le second on était responsable de la faute. Donc il n'y a qu'une seule espèce de faute. Ce raisonnement qui est invincible, méritait de terminer ma dissertation.

OBSERVATION GÉNÉRALE

Sur le précédent Traité.

Dans les différens traités que j'ai donnés des différens contrats et quasi-contrats, j'ai suivi la doctrine commune de tous les interprètes sur la prestation de la faute qui a lieu dans chaque contrat par rapport à la chose qui en fait l'objet. J'ai, en conséquence, distingué trois degrés de faute : la faute lourde, la légère et la très-légère.

Suivant cette doctrine, la faute lourde, *lata culpa*, consiste à ne pas apporter aux affaires d'autrui le soin que les personnes les moins soigneuses et les plus stupides ne manquent pas d'apporter à leurs affaires. Cette faute est opposée à la bonne foi.

Levis culpa. La faute légère est celle qui consiste à ne pas apporter à l'affaire d'autrui le soin que le commun des hommes apporte ordinairement à ses affaires. Elle est opposée à la diligence commune.

Enfin, *levissima culpa* est la faute qui consiste à ne pas apporter le soin que les personnes les plus attentives apportent à leurs affaires. Cette faute est opposée à la diligeuce très-exacte, *exactissima diligentia.*

Pour décider de quelle espèce de faute le débiteur est tenu dans chacun des différens contrats et quasi-contrats, j'ai, suivant la doctrine commune, établi trois principes qui paraissent tirés de la Loi 5, §. 1, ff. *Commod.*

Le premier est que dans les contrats qui sont faits pour le seul intérêt du créancier, on n'exige du débiteur que de la bonne foi, et il est tenu en conséquence que de la faute lourde. Nous avons, suivant ce principe, décidé dans notre Traité du contrat de dépôt, que dans ce contrat, on n'exige ordinairement du dépositaire que de la bonne foi, et qu'il n'est tenu que de la faute lourde, *de latâ culpâ*.

Nous avons observé que ce principe souffrait exception, à l'égard du contrat de mandat et du quasi-contrat, *negotiorum gestorum*. Quoiqu'ils soient faits pour le seul intérêt de la partie dont l'autre partie se charge de gérer l'affaire; néanmoins on n'y exige pas seulement de la bonne foi de la part de celui qui l'a gérée et qui en doit rendre compte, mais on exige encore de lui un soin proportionné à la nature de cette affaire. La raison est qu'une gestion d'affaires, qui est la chose qui fait l'objet du contrat, *mandati*, et du quasi-contrat, *negotiorum gestorum*, étant une chose qui, par sa nature, exige un certain soin, la partie qui se charge de la gestion de l'affaire, est censée se charger d'apporter le soin nécessaire pour cette gestion : *spondet diligentiam gerendo negotio parem.*

Le second principe est que dans les contrats et quasi-contrats qui se font pour l'intérêt réciproque des parties, tels que sont les contrats de vente, de louage, de nantissement, de prêt, de société, et le quasi-contrat de communauté, on exige pour la chose qui fait l'objet du contrat, le soin que tout homme sage apporte ordinairement à ses affaires; et qu'en conséquence dans ces contrats le débiteur est tenu de la faute légère.

Le troisième principe est que dans les contrats qui se sont faits pour le seul intérêt de la partie qui a reçu, et qui doit rendre la chose qui fait l'objet du contrat, tel qu'est le contrat de prêt à l'usage, *commodatum*, on exige par rapport à cette chose le soin le plus exact, et le débiteur est tenu de la faute la plus légère.

Nous avons observé que les jurisconsultes romains ne font quelquefois qu'une division bipartite des contrats, savoir: de ceux qui n'exigent dans les parties contractantes, que de la bonne foi, et de ceux qui exigent un certain soin plus ou moins grand, selon la nature du contrat. Mais le second membre de cette division étant sujet à une subdivision de ceux qui n'exigent qu'un soin ordinaire, et de ceux qui exigent le soin le plus exact, cela revient à la division tripartite, ci-dessus exposée.

Pareillement, les Jurisconsultes romains ne font quelquefois qu'une division bipartite des prestations, savoir : celle du dol et celle de la faute. La prestation du dol qui a lieu dans les contrats qui n'exigent que de la bonne foi, comprend sous le terme *dolus*, non-seulement la malice et le dessein de nuire, mais aussi la faute lourde, *lata culpa*, comme étant opposée à la bonne foi requise dans le contrat; et c'est en ce sens que les lois disent que *lata culpa comparatur dolo*, *lata culpa dolus est*.

Le second membre de la division, qui est la prestation de la faute, comprend les deux autres espèces de faute, la légère et la plus légère, *levem et levissimam*, sous le terme générique de faute, en tant que ce terme *culpa* est opposé à *dolus*, et en tant que les contrats qui exigent un soin plus ou moins grand, et dans lesquels il y a lieu à la prestation de la faute, sont opposés à ceux qui n'exigent que de la bonne foi, et dans lesquels il n'y a lieu qu'à la prestation du dol. Telle est la division qui se trouve dans la fameuse loi, *Contractus* ff. *de reg. jur.*

Mais dans cette division bipartite des prestations, le second membre de la division, qui est la prestation de la faute, est sujet à une subdivision, savoir: de la prestation de la faute légère, et de la prestation de la faute la plus légère; de manière que les trois degrés de faute ci-dessus exposés, se retrouvent; et la loi 5, § 1, ff. *Commod.* qui établit trois espèces de prestations, se concilie avec la loi *Contractus*, qui paraît n'en établir que deux.

Telle avait été jusqu'à présent la

doctrine unanimement tenue par tous les interprètes des lois romaines, et par les auteurs des traités de droit. C'est la doctrine des Accurse, des Alciat, des Cujas, des Duaren, des d'Avezan, des Vinnius, des Heineccius ; et ceux même qui se sont le plus appliqués à combattre les opinions communément reçues, et à proposer des nouveautés, tels qu'Antoine Faber, ne s'en sont jamais écartés. Néanmoins il a paru en 1764, une dissertation sur la prestation des fautes, imprimée à Paris, chez Saugrain, dans laquelle M. Lebrun, avocat au parlement de Paris, combat cette doctrine. Il m'a fait l'honneur de m'en faire présent : je l'ai lue avec un grand plaisir, et je suis charmé de trouver l'occasion de lui en témoigner publiquement ma reconnaissance.

Cet auteur soutient que la doctrine que nous venons d'exposer, est une pure invention des interprètes, qui n'ont pas pris le véritable sens des lois. Il prétend qu'on ne doit pas faire trois degrés de fautes, ni faire une distinction de la diligence commune et ordinaire, et de la diligence très-exacte, ni une différence des contrats qui se font pour l'intérêt réciproque des parties contractantes, *in quibus utriusque contrahentis vertitur utilitas*, et de ceux qui se font pour le seul intérêt de la partie débitrice de la restitution de la chose qui fait l'objet du contrat. Il n'y a, selon lui, que deux espèces de diligence, l'une qui se mesure sur celle qu'un homme attentif à ses affaires, a coutume d'y apporter, *qualem diligens paterfamilias adhibere solet*, et l'autre qui ne se mesure que sur celle que le débiteur de qui on l'exige, a coutume d'apporter à ses propres affaires, *rebus suis consuetam diligentiam.*

Lorsque la chose qui fait l'objet du contrat, appartient entièrement, ou est due entièrement à celui à qui le débiteur est tenu de la rendre ou de la donner, le débiteur est, par rapport à cette chose, obligé à la première espèce de diligence, et il n'importe que le contrat ait été fait pour son seul intérêt, ou pour l'intérêt réciproque des parties; c'est pourquoi un emprunteur n'est pas tenu, suivant cet auteur, par rapport à la chose qui lui a été prêtée, à une autre diligence que celle dont est tenu un locataire par rapport à la chose qui lui a été donnée à loyer; ils sont tenus l'un et l'autre à la première espèce de diligence, qui est celle qu'un homme attentif à ses affaires, a coutume d'y apporter: c'est à cette diligence, que sont obligés un vendeur par rapport à la chose vendue qu'il doit à l'acheteur ; un mandataire, un *negotiorum gestor*, par rapport aux choses dont ils ont eu l'administration, etc.

Lorsque les choses qui font l'objet du contrat, appartiennent en commun aux parties contractantes, on ne doit exiger de chacune des parties, par rapport à la gestion qu'elle a eue desdites choses, et dont elle doit rendre compte à l'autre partie, que l'autre espèce de diligence qui est celle qu'il a coutume d'apporter à ses propres affaires, *rebus suis consuetam diligentiam*. Ce n'est que cette espèce de diligence qu'on exige du rendant compte dans les actions, *pro socio*, *familiæ erciscundæ*, *et communi dividendo*.

Tel m'a paru être en substance le système de la dissertation : l'auteur qui m'a paru très-versé dans la connaissance des lois romaines, rapporte dans cette dissertation toutes celles qui traitent de la matière, et il en donne des explications très-ingénieuses. Quelque spécieux que soient les argumens par lesquels il prétend établir son système, je n'ai pas été convaincu, et je suis demeuré attaché à l'ancienne doctrine que je ne trouve pas si absurde qu'il voudrait le persuader. Je ne vois aucune absurdité à distinguer trois degrés de faute, à distinguer la diligence exacte et la diligence très-exacte ; à se contenter de la première dans les contrats qui se font pour l'intérêt réciproque des parties, et à exiger la diligence très-exacte dans le contrat qui a été fait pour le seul intérêt de la partie de qui on l'exige. C'est une absurdité, dit l'auteur du nouveau système, de penser que, dans les contrats qui se font pour l'intérêt réciproque des parties, tel qu'est le plus grand nombre des contrats, les lois permettent la négligence par rapport à la chose qui fait l'objet du contrat : or, dit l'auteur, en décidant selon la doctrine commune, que dans ces contrats le débiteur n'est tenu que de la faute légère, et non de la faute très-légère, c'est permettre dans ces contrats quelque négligence; car la faute très-légère dont on décide que le débiteur n'est pas tenu dans ces contrats, est une négligence qui, pour être très-légère, n'en est pas moins une négligence.

On peut, ce me semble, répondre qu'on ne permet pas la négligence dans les contrats faits pour l'intérêt réciproque des parties; mais qu'on estime dans ces contrats la négligence moins rigoureusement qu'on ne l'estime dans ceux faits pour le seul intérêt du débiteur. Par exemple, dans le contrat de louage, le locataire n'est pas jugé coupable de négligence, lorsqu'il a apporté, pour la conservation de la chose qui lui a été louée, tout le soin que les hommes ont, pour la plupart, coutume d'avoir des choses qui leur appartiennent; il est censé en contractant, ne s'être obligé qu'à ce soin; le locateur qui se fait payer du prix de l'usage qu'il accorde de sa chose, ne doit donc pas être écouté à exiger de lui davantage, ni à vouloir faire regarder comme une négligence de la part de ce locataire, le défaut de quelque attention ou de quelque prévoyance qui eût pu ne pas échapper à une personne plus attentive qu'on ne l'est communément, et qui eût empêché la perte ou la détérioration de la chose.

Au contraire, dans le contrat de prêt à usage qui est fait pour le seul intérêt de l'emprunteur, la négligence de l'emprunteur à l'égard de la chose qui lui a été prêtée, s'estime dans toute la rigueur : le prêteur qui ne doit pas souffrir du bienfait qu'il a fait à l'emprunteur, en lui accordant gratuitement l'usage de sa chose, a droit d'exiger de lui, pour la conservation de la chose qu'il lui a prêtée, non-seulement le soin ordinaire que le commun des hommes apporte à la conservation de son bien, mais tout le soin possible (eu égard néanmoins à la qualité de la personne de l'emprunteur). Si l'emprunteur ne se sent pas capable de ce soin, il ne doit pas emprunter; c'est pourquoi on lui impute à négligence, non-seulement le défaut du soin que le commun des hommes apporte ordinairement à ses affaires, mais même le défaut d'une attention ou d'une prévoyance qui n'eût pas échappée aux personnes de la qualité de celle de l'emprunteur, qui sont les plus attentives.

Cette manière d'estimer plus ou moins rigoureusement la faute et la négligence, suivant la différente nature des contrats, ne me paraît contenir aucune absurdité; elle me paraît au contraire très-raisonnable, et devoir être suivie, quand même la loi 5, § 2, ff. *commod.* ne s'en serait pas expliquée aussi clairement qu'elle l'a fait.

Je n'entreprendrai point de réfuter les argumens par lesquels l'auteur de la dissertation combat l'ancienne doctrine, et prétend établir la sienne; cela dégénérerait en une querelle littéraire, dans laquelle je ne veux point entrer. La réponse à celle qu'il tire des différentes lois rapportées dans sa dissertation, se trouve dans les notes que j'ai faites sur ces lois dans mon ouvrage sur les Pandectes; je les ai tirées de Cujas et d'autres interprètes de réputation.

J'observerai seulement que si la doctrine commune à ses difficultés, le nouveau systême de l'auteur n'en est pas exempt. Par exemple, l'auteur dit que la diligence qu'on exige d'un associé dans le compte de la gestion qu'il a eue des affaires communes, ne doit pas se mesurer, comme dans les autres contrats, à celle que le commun des hommes a coutume d'apporter à ses affaires, mais à celle que cet associé apporte à ses propres affaires. Je demande à l'auteur comment, dans la pratique, le juge devant qui cet associé rend son compte, pourra connaître qu'elle est la diligence que cet associé apporte dans ses propres affaires, pour y mesurer celle qu'il a dû apporter à la gestion dont il rend compte? Un juge peut bien estimer quelle est la diligence que le commun des hommes apporte à ses affaires; mais il ne peut pas deviner quelle est celle que cet associé, qu'il ne connaît pas, apporte à ses propres affaires; il présume que c'est celle que le commun des hommes y apporte.

En mesurant, suivant le nouveau système, la diligence dont un associé est tenu à l'égard de la gestion des affaires communes, à celle qu'il apporte à ses propres affaires, on réduit le contrat de société et le quasi-contrat de communauté à la classe de ceux qui n'exigent rien autre chose que de la bonne foi; car c'est une chose opposée à la bonne foi, que de n'avoir pas pour l'affaire d'autrui le même soin qu'on a pour les siennes: *non salvâ fide*, dit la loi 32, ff. *depositi*, en parlant d'un dépositaire, *minorem quàm suis rebus diligentiam præstabit*. Si dans ces contrats le débiteur n'est pas condamnable, pour n'avoir pas apporté à la conservation de la chose qui fait l'objet du contrat, le soin ordinaire que le commun des hommes apporte à ses affaires, c'est parce qu'on présume favorablement que s'il a été négligent à l'égard de la chose qui fait l'objet du contrat, il l'est pareillement à l'égard de celles qui lui appartiennent; mais lorsqu'il est justifié qu'il a eu pour les choses qu'il lui appartiennent, un soin qu'il n'a pas eu pour la chose qui fait l'objet du contrat, comme par exemple, si dans un incendie, un dépositaire a sauvé de l'incendie les choses qui lui appartenaient, et a laissé périr celle qui lui a été donnée en dépôt, et qu'il était également à portée de sauver, il est condamnable, comme ayant manqué à la bonne foi, en n'ayant pas eu, pour la chose qui lui avait été donnée en dépôt, le même soin qu'il a eu pour les siennes. Donc, en mesurant la diligence que doit avoir un associé pour les choses qui appartiennent à la société, à celle qu'il a pour les siennes propres, on n'exige pas plus de lui que ce qu'on exige d'un dépositaire.

De cette manière, on met le contrat de société et le quasi-contrat de communauté dans la classe des contrats qui n'exigent que de la bonne foi, *qui dolum duntaxat recipiunt*, ce qui est évidemment opposé à la loi *Contractus* 23, ff. *de reg. jur.*, qui distingue deux classes de contrats, l'une de ceux *qui dolum duntaxat recipiunt*, dans laquelle elle place le contrat de dépôt, l'autre de ceux qui, outre la bonne foi, exigent encore la diligence, par rapport à la chose qui fait l'objet du contrat; et c'est dans cette seconde classe qu'elle place le contrat de société et le quasi-contrat de communauté : *contractus quidam*, dit la loi, *dolum malum duntaxat recipiunt*, *quidam et dolum et culpam* : *dolum tantùm depositum.... societas et rei communio dolum et culpam recipit.*

Au reste, quoique l'auteur n'ait pu me persuader d'embrasser son systême (ce qu'il doit pardonner à un vieillard à qui il n'est pas facile de se départir de ses anciennes idées), je dois cette justice à cette dissertation, qu'elle est très-ingénieuse et très-savante, et qu'elle mérite d'être lue par tous ceux qui ont quelque goût pour la jurisprudence.

FIN.

TABLE.

FIN DE LA TABLE.

www.ingramcontent.com/pod-product-compliance
Ingram Content Group UK Ltd.
Pitfield, Milton Keynes, MK11 3LW, UK
UKHW021156260726
13994UKWH00001B/489

9 782329 567693